Spanish A2

ánimo para OCR 2

Isabel Alonso de Sudea

Vincent Everett

Isabel Isern

Welcome to **Ánimo para OCR 2!**

The following symbols will help you to get the most out of this book:

 listen to the recording with this activity

 work with a partner

 work in a group

 use a dictionary for this activity

Gramática an explanation and practice of an important aspect of Spanish grammar

➡ **140** refer to this page in the grammar section at the back of the book

➡ **W65** there are additional grammar practice activities on this page in the *Ánimo Grammar Workbook*

Frases clave useful expressions

Técnica practical ideas to help you learn more effectively

We hope you enjoy learning with *Ánimo para OCR*.

¡Buena suerte!

Índice de materias

Índice de materias

la Coruña

GALICIA

Vigo

Oviedo

ASTURIAS

Santander

CANTABRIA

Bilbao

PAÍS VASCO

FRANCIA

Picos de Europa

Vitoria

Burgos

Pamplona

Logroño

NAVARRA

Pirineos

CASTILLA-LEÓN

LA RIOJA

CATALUÑA

Duero

Valladolid

ESPAÑA

Zaragoza

Ebro

Barcelona

Salamanca

ARAGÓN

PORTUGAL

MADRID

Madrid

Menorca

Tajo

Cáceres

Mallorca

Toledo

VALENCIA

Ibiza

Badajoz

CASTILLA-LA MANCHA

BALEARES

EXTREMADURA

Formentera

Guadalquivir

Córdoba

Murcia

Sevilla

ANDALUCÍA

MURCIA

Granada

Málaga

CANARIAS

La Palma

Lanzarote

Tenerife

La Gomera

Las Palmas

El Hierro

Gran Canaria

Fuerteventura

MÉJICO

BELICE

HONDURAS

NICARAGUA

GUATEMALA

COSTA RICA

EL SALVADOR

VENEZUELA

GUYANA

PANAMÁ

COLOMBIA

SURINAM

GUAYANA FRANCESA

ECUADOR

BRASIL

PERÚ

SUDAMÉRICA

BOLIVIA

PARAGUAY

CHILE

URUGUAY

ARGENTINA

MARRUECOS

ARGELIA

1 Tierras cosmopolitas

1a ¿Cuántos de estos sustantivos reconoces? Emparéjalos con su definición y tradúcelos al inglés. ¡Atención! Sobran cuatro.

> integración   tolerancia   pacifismo   racismo
> discriminación   xenofobia   convivencia
> solidaridad   prejuicio   asilo   igualdad
> segregación

1 La separación de etnias o grupos culturales dentro de una sociedad o un país.

2 Hostilidad u odio hacia los extranjeros.

3 Idea preconcebida respecto a algo o alguien que se adopta sin fundamento.

4 Lugar de refugio para los perseguidos.

5 Vivir en compañía de otros de manera armónica y desde el respeto.

6 Proceso de disfrutar de las mismas oportunidades que el resto de la comunidad y tener acceso a los mismos bienes y servicios.

7 La oposición a cualquier forma de violencia expresada a través de un movimiento político, religioso o ideológico.

8 Unión circunstancial a la causa de otros.

1b Escribe una definición para las cuatro palabras sobrantes.

1c Lee tus definiciones a un(a) compañero/a para que adivine de qué palabra se trata.

2 Haz una lista de posibles verbos y adjetivos relacionados con los sustantivos del ejercicio 1a.

Ejemplo: integración → integrar → integrado

5

Un país multicultural

◆ *España, de país de emigrantes a tierra de inmigrantes*

Ya hay más de 3.000.000 de extranjeros residentes en España

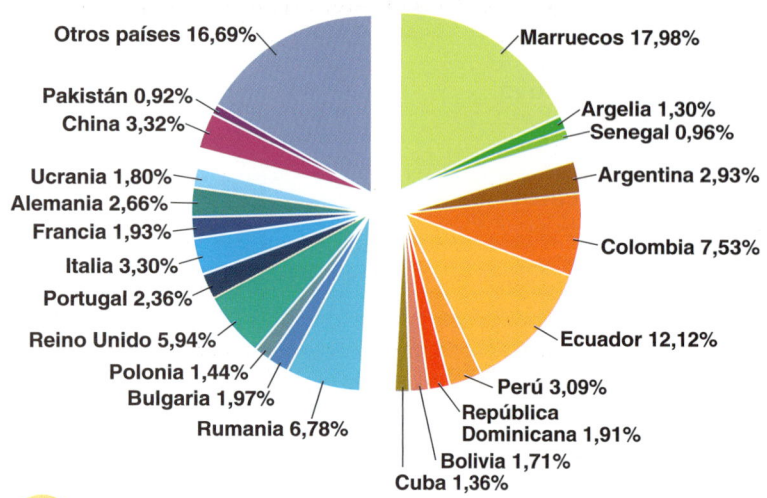

Otros países 16,69%
Pakistán 0,92%
China 3,32%
Ucrania 1,80%
Alemania 2,66%
Francia 1,93%
Italia 3,30%
Portugal 2,36%
Reino Unido 5,94%
Polonia 1,44%
Bulgaria 1,97%
Rumania 6,78%
Cuba 1,36%
Bolivia 1,71%
República Dominicana 1,91%
Perú 3,09%
Ecuador 12,12%
Colombia 7,53%
Argentina 2,93%
Senegal 0,96%
Argelia 1,30%
Marruecos 17,98%

1 Examina el gráfico y discute con tus compañeros/as:

- ¿Cuál es el grupo de inmigrantes más grande? ¿Te sorprende?

- ¿Crees que cambiará significativamente el perfil de este gráfico con la continua expansión de la Unión Europea?

- ¿Qué comparación se puede hacer entre estos porcentajes y la inmigración de tu país?

- ¿Cuáles son las diferencias más evidentes?

Frases clave

(No) Me sorprende que …	Conviene que …
(No) Dudo que … + subjunctive	Es fantástico que …
(No) Sabía que …	Es ridículo que … + subjunctive
(No) Me imaginaba que …	Es increíble que …
	Es normal que …

2a Cada año miles de inmigrantes llegan a España por razones diferentes. Observa las fotos. ¿Cuáles crees que son las razones que han llevado a estos inmigrantes a España?

2b Lee lo que dicen. ¿Quién habla en cada caso? Haz apuntes sobre las razones por las que dejaron su país para mudarse a España. Compara sus razones con tus respuestas al ejercicio 2a.

1 En mi país no hay oportunidades y la crisis económica es muy evidente. Huimos porque la situación política se estaba deteriorando y la incertidumbre era cada vez mayor. En España mis hijos tienen acceso a una mejor educación en un ambiente mucho más estable que debería proporcionarles un futuro laboral con perspectivas. Sin embargo, en mi tierra, sólo los más adinerados encuentran esa estabilidad. Supongo que España, a pesar de la distancia, era la opción evidente debido al idioma.

2 Bueno, en mi país reinan la escasez y las guerras. Allí se sobrevive como se puede sin trabajo, sin escuelas, sin luz, sin agua … Por eso aquellos que tenemos salud y osadía intentamos escapar en busca de una existencia mejor y un futuro menos deplorable para nuestros hijos. España es el país desarrollado que más cerca está, así pues es la opción más realista.

3 No podemos decir que el nivel de vida sea del todo malo en nuestro país. Vivíamos bastante bien y conseguimos una buena formación, pero los sueldos allí son mucho más bajos y la incorporación de nuestro país a la Unión Europea nos abrió puertas y nos dio oportunidades que decidimos aprovechar, porque si no lo hacemos ahora que somos jóvenes, ¡quizás nunca lleguemos a hacerlo!

4 El tiempo es mejor aquí y, con la edad, los inviernos húmedos de nuestro país se hacen demasiado largos. Además, con la venta de nuestra casa pudimos comprar un apartamento precioso cerca de la playa, suficientemente grande para que nos visiten nuestros hijos y nietos. ¡Hasta nos sobró dinero para hacer un rincón para gastos imprevistos! Aquí la vida cotidiana es más relajada y también nuestra pensión nos da para más.

2c Identifica sinónimos para estas palabras en las afirmaciones del ejercicio 2b.

> inseguridad   ricos   equilibrio   obvio
> pobreza   valor   triste   educación
> salarios   inesperados

3a 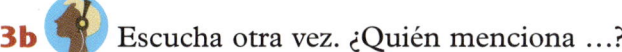 Escucha estas opiniones sobre la inmigración. ¿Son positivas o negativas?

3b Escucha otra vez. ¿Quién menciona …?

a el desempleo   **d** la discriminación positiva

b el fracaso escolar   **e** la gastronomía

c la inmigración ilegal   **f** la integración

4a Lee el artículo y decide según el texto si estas afirmaciones son verdaderas, falsas o no hay información para saberlo.

1 La Corporación tiene dificultades para encontrar trabajadores catalanes.

2 La Corporación proporciona viviendas a todos sus empleados por 300 euros al mes.

3 Los pisos de protección oficial están cerca de los mataderos.

4 Los inmigrantes tienen tendencia a mezclarse con su propia gente.

La inmigración pone fin a la crisis de los mataderos de Guissona

En la provincia de Lérida, en el corazón de la comunidad autónoma de Cataluña encontramos la pequeña localidad de Guissona. En este pueblo de tan sólo 5.000 habitantes la mayor fuente de empleo es La Corporación Alimentaria de Guissona.

Sin embargo, parece que la gente del país no se siente atraída hacia esta comunidad de carácter rural o no quiere trabajar en sus mataderos y la

Corporación ha resuelto el problema con medidas para atraer a los inmigrantes.

En su plantilla de casi 3.000 empleados, el porcentaje de extranjeros ha subido del 3 al 37%, atraídos por los contratos estables y facilidades para el acceso a la vivienda. Por ejemplo, en estos momentos la empresa está construyendo casi 250 pisos de protección oficial que espera alquilar a sus empleados por el módico precio de 300 euros al mes.

La compañía también ha creado un centro médico, facilita instalaciones deportivas, potencia los ciclos formativos nocturnos e imparte clases de catalán y castellano para ayudar a la integración de sus empleados e incluso les ayuda a conseguir hipotecas para la compra de una vivienda si llevan algún tiempo en el país.

La gente de la zona nos cuenta que, aunque no hay guetos cerrados, en la vida cotidiana los inmigrantes se agrupan a menudo según su nacionalidad, pero que no hay problemas serios porque lo importante es que tengan trabajo y a veces incluso se reúnen en jornadas temáticas por países donde aprenden sobre otras culturas y comparten la suya propia.

4b Contesta a las preguntas en inglés.

1 What is the problem faced by the Corporación Alimentaria de Guissona?

2 How has its company profile changed?

3 What two measures attract immigrants?

4 How does the company aid integration?

5 What are the social trends within employees?

6 What opportunities are there to gain understanding of other cultures?

5a Debate en clase: ¿Qué atrae a los inmigrantes a tu país? Considera estos factores:

- la economía
- el idioma
- la educación
- la situación geográfica
- la calidad de vida
- el mercado laboral

5b Si tú decidieras emigrar, ¿adónde te gustaría ir? ¿Por qué?

6 En tu opinión, ¿cuáles son los aspectos positivos y negativos de la inmigración? Evalúa los elementos mencionados en los ejercicios 1 a 5b. Escribe 200 palabras.

"A donde fueres, haz lo que vieres"

◆ *¿Es la integración de lo que habla este viejo refrán?*

1a  Escucha a estos jóvenes hablando sobre el ambiente multicultural en el que viven. Contesta a las preguntas.

1 ¿Qué indica, según ellos, que es un grupo multicultural?

2 ¿Qué grupo se integra con más facilidad? ¿Por qué?

3 ¿Qué contribución ha hecho el deporte según el profesor?

4 ¿Qué diferencia se menciona entre los adultos y los adolescentes?

5 ¿Qué comentario hace el chico polaco sobre su color?

6 ¿Cómo responde el otro chico?

1b ¿Cómo definirías tú la integración? ¿Cuáles son sus claves?

2 Lee los principios básicos de la integración según el plan europeo y completa el párrafo con las palabras adecuadas.

> entidades   desacato   organismos
> responsabilidad   dimensiones   valores
> condición   medidas   mercado   respeto

El plan establece que la integración no sólo es la (1)…… del inmigrante sino también la de los residentes y las (2)…… del país de acogida, que deben elaborar (3)…… para que los inmigrantes accedan al (4)…… laboral, al idioma, a la educación y a los (5)……, bienes y servicios sin discriminación alguna por su (6)…… de inmigrante.

Los inmigrantes pueden contar con el (7)…… de su cultura y su religión y a cambio se espera de ellos que respeten los (8)…… básicos de la Unión Europea.

Plan Europeo Estratégico de Ciudadanía e Integración. Principios Básicos:

1 La integración es un proceso bidireccional de ajuste mutuo entre inmigrantes y residentes.

2 La integración implica el respeto de los valores de los Estados miembros.

3 El empleo constituye una parte fundamental del proceso de integración.

4 El conocimiento básico del idioma, la historia y las instituciones de la sociedad de acogida es indispensable para que la integración tenga éxito.

5 Se deben realizar esfuerzos en la educación para preparar a los inmigrantes y a sus descendientes para que puedan participar más activamente en la sociedad.

6 Para una mejor integración, los inmigrantes deben tener acceso a las instituciones y a los bienes y servicios en las mismas condiciones que los ciudadanos nacionales – es decir la igualdad de oportunidad.

7 Para lograr la integración es esencial la interacción frecuente entre inmigrantes y ciudadanos de los Estados miembros.

8 A menos que la cultura y religión de los inmigrantes entren en conflicto con los derechos europeos o la legislación nacional, estas deben ser salvaguardadas.

9 Para favorecer la inmigración se debe permitir la participación de los inmigrantes en el proceso democrático y en la formulación de políticas y medidas de integración, especialmente a nivel local.

10 Se deben establecer objetivos, indicadores y mecanismos de evaluación claros para el ajuste de políticas y la valoración de los avances en la integración.

3a Según tu parecer, ¿qué significa el primer punto del plan estratégico de integración?

3b Lee de nuevo el plan estratégico y haz una lista de las responsabilidades y derechos de los inmigrantes y de las responsabilidades y derechos de los ciudadanos nacionales. ¿Hay muchas diferencias? ¿Crees que debería haberlas?

3c ¿Crees que es posible conseguir la igualdad de oportunidad para un inmigrante?

4 Lee el testimonio de Abdulah y haz un resumen en inglés. Deberías mencionar:
- cuánto tiempo lleva en España
- por qué se fue de su país
- su trayectoria personal y laboral en España
- su situación actual

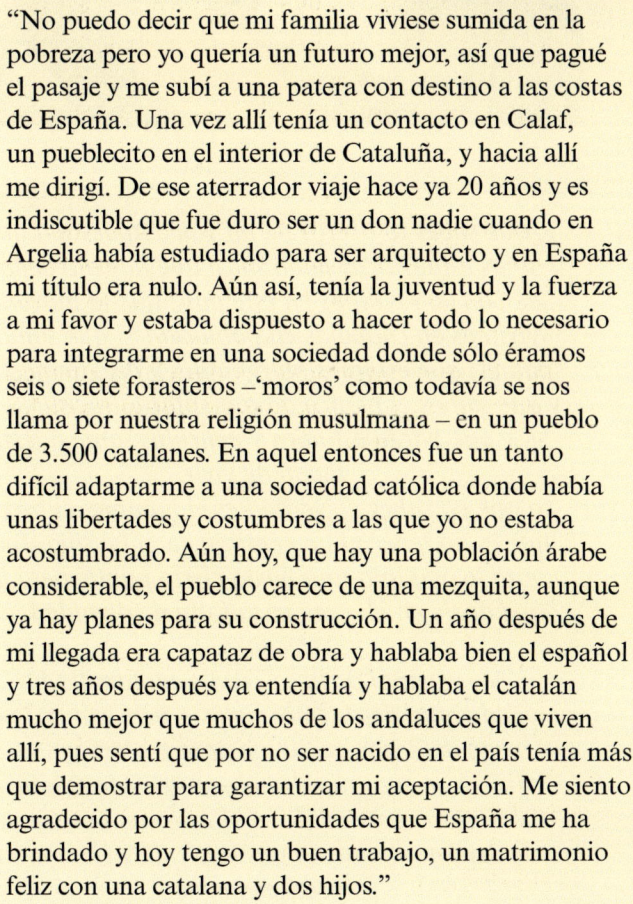

Nombre: Abdulah
Edad: 43
Nacionalidad: argelino

"No puedo decir que mi familia viviese sumida en la pobreza pero yo quería un futuro mejor, así que pagué el pasaje y me subí a una patera con destino a las costas de España. Una vez allí tenía un contacto en Calaf, un pueblecito en el interior de Cataluña, y hacia allí me dirigí. De ese aterrador viaje hace ya 20 años y es indiscutible que fue duro ser un don nadie cuando en Argelia había estudiado para ser arquitecto y en España mi título era nulo. Aún así, tenía la juventud y la fuerza a mi favor y estaba dispuesto a hacer todo lo necesario para integrarme en una sociedad donde sólo éramos seis o siete forasteros –'moros' como todavía se nos llama por nuestra religión musulmana – en un pueblo de 3.500 catalanes. En aquel entonces fue un tanto difícil adaptarme a una sociedad católica donde había unas libertades y costumbres a las que yo no estaba acostumbrado. Aún hoy, que hay una población árabe considerable, el pueblo carece de una mezquita, aunque ya hay planes para su construcción. Un año después de mi llegada era capataz de obra y hablaba bien el español y tres años después ya entendía y hablaba el catalán mucho mejor que muchos de los andaluces que viven allí, pues sentí que por no ser nacido en el país tenía más que demostrar para garantizar mi aceptación. Me siento agradecido por las oportunidades que España me ha brindado y hoy tengo un buen trabajo, un matrimonio feliz con una catalana y dos hijos."

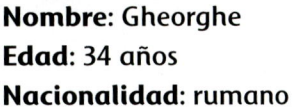

Nombre: Gheorghe
Edad: 34 años
Nacionalidad: rumano

Nombre: Linda
Edad: 54
Nacionalidad: inglesa

5a Escucha a estos otros dos inmigrantes y anota lo que dice cada uno sobre:
- cuánto tiempo hace que están en España
- el lugar donde viven
- su situación laboral
- por qué eligieron España
- cuál ha sido su experiencia de integración
- información adicional

5b Escucha de nuevo y encuentra las palabras o expresiones españolas que significan:
- to legalise my situation
- to make a good living
- to be self-employed
- to leave the nest
- to fall in love
- a final influence

6 Escoge una de las redacciones de abajo y escribe 250 palabras en español.

a Composición creativa: escribe el diario de un niño magrebí que acaba de llegar a Algeciras.

b Composición discursiva: "Los niños tienen menos prejuicios, por eso su integración es más fácil." ¿Qué piensas? Razona tus respuestas.

El rechazo a lo desconocido

◆ *Por desgracia, la intolerancia todavía es un mal endémico de nuestra sociedad actual y todavía no se ha encontrado un remedio universal.*

1a ¿Sabes lo que significan estos sustantivos? Únelos con su significado.

1 la discapacidad

2 la misoginia

3 la homofobia

4 la xenofobia

5 el racismo

a hostilidad hacia los extranjeros

b aversión hacia las mujeres

c deficiencia física o psíquica

d rechazo a la homosexualidad y a los homosexuales

e sentimiento de rechazo hacia las razas distintas de la propia

1b Lee estos tópicos y clasifícalos según el tipo de intolerancia al que se refieren.

> *a " Las mujeres no tienen capacidad para ser directivas"*

> *f "Los gitanos no quieren trabajar"*

> *b "Todos los sordos son sordomudos"*

> *g "Las personas sordas poseen una habilidad innata para leer los labios"*

> *c "La cultura gitana es machista"*

> *d "Los inmigrantes quitan puestos de trabajo y generan precariedad laboral"*

> *h "Hay demasiados inmigrantes"*

> *i "Seguro que está de compras"*

> *e "La familia natural es el matrimonio y su objetivo es la reproducción"*

> *j "La inclinación homosexual no es natural"*

2a Escucha estas verdades e identifica el tópico del ejercicio 1b que se refuta en cada caso.

2b Escribe otros tópicos relacionados con la intolerancia. Tu compañero/a deberá refutarlos con verdades y ejemplos. Tú deberás hacer lo mismo con sus tópicos.

3 Lee el texto y contesta a las preguntas.

1 ¿Qué sentimientos expresa?

2 Describe la actitud del autor.

3 ¿Qué conclusión saca?

> *¿Qué sabes tú acerca de mi vida? Apuesto a que unas estadísticas nada más: que hay alrededor de 500.000 gitanos en este país; que la mayoría vivimos en chabolas en poblaciones; que somos pobres; que estamos marginados y discriminados; y que somos el blanco de comentarios racistas – ah sí, y que hacen estudios y películas sobre nuestro modo de vivir.*
> *Lo que no sabes de verdad es el hambre, el frío, lo que es no tener ni un céntimo en el bolsillo. Todo esto lo aguanta uno hasta cierto punto, pero lo que duele en el alma es la falta de dignidad y el rechazo.*
> *Soy español de pura cepa – mi familia ha vivido aquí desde hace siglos – pero aún así no tengo derechos, o eso me parece a mí, y nadie quiere aceptar nuestro modo de vivir. Quieren encarcelarnos en edificios altos como Las Tres Mil de Sevilla, ¡donde no quisiera que viviera ni mi peor enemigo!*

4a Lee estas declaraciones oficiales de varias personas sobre un incidente racista y decide de quién es cada una.

- un Guardia Civil
- un temporero marroquí
- el alcalde
- un vecino
- un representante del Sindicato de Obreros del Campo (SOC)

4b ¿Quién implica …?

1 Cuando tenía que caminar por la calle de noche, siempre me sentía inseguro.

2 Si no detenemos a estos agresores, pronto van a acabar matando a alguien.

3 Con tal de que nos quedemos callados, nadie nos denunciará a la policía.

4 Si hubieran interpuesto denuncias antes, tal vez hubiéramos podido evitar tantos problemas.

5 Si fuera hijo mío, le daría una paliza.

6 Como lo vuelvan a hacer, la población entera tendrá mala fama.

7 Si se hubieran empadronado, tendrían más derechos.

4c Busca las palabras o frases en los textos que signifiquen:

• lo mismo que …	• lo contrario de …
1 deplorable	5 lo siento
2 comprender	6 los agresores
3 serio	7 emigrantes
4 tiraron	8 nadie

4d Explica las frases subrayadas en el texto en tus propias palabras en español.

4e Escribe el testimonio de uno de los jóvenes agresores y explica:

- lo que le empujó a sus acciones
- cómo se sintió durante la agresión
- cómo se sintió después de la agresión

1 Cualquier agresión, venga de donde venga y se produzca como se produzca, es lamentable. No puedo entender que haya personas que se dediquen a hacer estas cosas <u>sin ni siquiera dar la oportunidad de defenderse</u>. Es muy grave: me alegro de que los hayan detenido, aunque en el pueblo nadie sabe nada.

2 No hay una connotación racista en el sentido de que haya una organización racista detrás. Aquí no hay grupos fascistas, pero claro que los que hacen esto son racistas. Muchas de las víctimas no han presentado una denuncia <u>por temor a ser repatriados por carecer de papeles</u>.

3 Éste se ha criado en un ambiente donde cojeaba la educación; apalear a inmigrantes se convirtió en una expresión de subidón hormonal que acompañaba a las juergas de los colegas. De niño fue muy violento y <u>ha tenido varios encontronazos con la policía por sus locuras motorizadas</u> cuando aún era menor de edad.

4 Hace unos meses nos lanzaron piedras desde un coche que pasaba y esto volvió a ocurrir varias veces <u>hasta que las piedras dieron paso a ataques más preparados con palos de hierro y bloques de hormigón</u>, lo que resultó en fractura de mandíbula y contusiones en el hombro. Todo el tiempo se estaban riendo a carcajadas.

5 Las primeras agresiones se produjeron en agosto y se repitieron en septiembre y octubre, aunque no se interpusieron denuncias hasta el pasado día 5 de noviembre. No se ha podido actuar con anterioridad por carecer de 'indicios fehacientes' <u>que incriminaran directamente en los hechos a los tres sospechosos</u>.

¡Atención, examen!

Gramática  ➡137 ➡W56

The subjunctive for value judgements

● Remember that when giving value judgements the indicative is used to express emotion: *Siento que …* and the subjunctive is used to say what it is that you or someone else is emotional about: … *todavía exista el racismo en nuestros tiempos.*

A Here are some value judgements. Match them to their English counterparts.

1	Es una lástima que …		a	It's a scandal that …
2	Me preocupa que …		b	It makes me happy that …
3	Es decepcionante que …		c	I am impressed that …
4	Es escandaloso que …		d	It's great that …
5	Es una vergüenza que …		e	It makes me sick that …
6	Me da asco que …		f	What a shame that …
7	Me parece muy mal que …		g	I am not happy that …
8	Estoy harto de que …		h	It's a disgrace that …
9	Me alegra que …		i	I am proud that …
10	Me impresiona que …		j	It's very interesting that …
11	Estoy orgulloso de que …		k	It worries me that …
12	Es muy interesante que …		l	I am fed up that …
13	Es estupendo que …		m	It's disappointing that …
14	Es una suerte que …		n	How lucky that …

B Translate these sentences into English.

1 Es escandaloso que haya tanta violencia en los colegios.

2 Es una vergüenza que los homosexuales todavía sufran el rechazo de la gente.

C Translate these sentences into Spanish.

1 I am fed up with people discriminating against my friend because of his nationality.

2 It's disappointing that racism still exists in Europe.

3 I am not happy that at times we still treat immigrants differently.

D Now use some of the expressions in exercise A to express your opinion about discrimination, racism, immigration, integration, homophobia, and xenophobia.

Gramática  ➡136 ➡W53

Tenses of the subjunctive

● Remember that the subjunctive mood has four tenses. Here is an example:

Infinitive	Present subjunctive	Imperfect subjunctive	Perfect subjunctive	Pluperfect subjunctive
tener	tenga	tuviese/ tuviera	haya tenido	hubiera tenido

A Can you work out the different subjunctive tenses for these verbs? Remember to pay attention to spelling changes and irregular verbs.

hacer   ir   poner   saber   salir   ser   estar

B In the text you can find examples of each subjunctive tense underlined. Think about its tense combination and its use.

Example: present indicative ➔ present subjunctive:
Me preocupa que se hable (value judgement)

Me preocupa que todavía <u>se hable</u> de homofobia incluso después de legalizar las uniones matrimoniales entre parejas del mismo sexo. <u>Si tuviera</u> un hijo homosexual, me preocuparía mucho más por su salud emocional que por su inclinación sexual. Quizás <u>hubiéramos sabido</u> ser más tolerantes si no <u>hubiésemos vivido</u> en una sociedad tan consumista donde todo está al alcance de nuestra mano. Estoy segura que <u>quién haya pasado hambre</u> entiende lo poco que importan las diferencias entre las personas y espero que con el tiempo, nuestra actitud <u>cambie</u> y <u>aprendamos</u> a ser tolerantes.

Técnica

Expressing your views, countering and arguing

◆ When you are doing writing or speaking tasks it is important to show your opinion, whether this is to agree or disagree with a point raised by a text or by the examiner.

◆ You can express your view using a range of expressions such as *(no) me sorprende* or *(no) me alegra*. Remember that these expressions are followed by the subjunctive mood.

1 Make a list of such expressions. How many can you think of?

◆ You can also convey your position by expressions such as:

Bajo mi punto de vista …
En mi opinión …
A mi parecer …
A mi juicio …

2 Look back at exercise D page 12 and reword your opinions about discrimination, racism, immigration, integration, homophobia, and xenophobia to use the expressions above instead of the subjunctive with value judgements.

◆ Besides expressing your own outlook, it is also a good idea to comment on what has been said. You can do that by:

1 showing agreement
2 showing surprise
3 ratifying what has been said
4 showing indecision
5 showing reservation and counterargument
6 showing disagreement

3 Read these expressions and classify them into one of the categories above:

Eso digo yo, …
Sí, pero no te olvides de …
Me has entendido mal.
Nunca me lo hubiera podido imaginar.
Yo no soy de la misma opinión.
De eso nada.
Si no lo veo, no lo creo.
Creo que ha habido un malentendido.

Incluso así …
Puede que sea como tú dices, pero …
Sí, pero …
¡Ni hablar!
No lo sé muy bien.
No estoy tan seguro.
No es eso lo que quería decir …
Por muy/mucho que …
A lo mejor es verdad, pero …
En absoluto.
Coincido contigo …
Necesito pensarlo.
(Pues) a mí no me lo parece.
Tengo muchas dudas.
¡No me digas!
¡Exacto, eso es!
Desde luego que no.

4 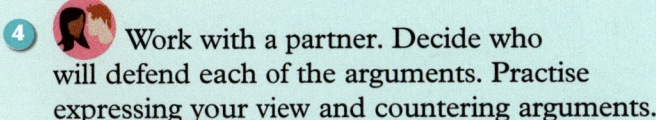 Work with a partner. Decide who will defend each of the arguments. Practise expressing your view and countering arguments.

La inmigración

a ¡Es un problema! Solamente trae disgustos, delincuencia y racismo. Sería mejor que los extranjeros se quedaran en casa y mejoraran su propio país en lugar de venir a explotar los logros de los demás.

b La inmigración contribuye a una sociedad multicultural y eso nos enriquece como personas humanas. Además, con los avances del mundo es normal que los empresarios busquen al mejor postor para cada trabajo, sea de la nacionalidad que sea.

El racismo

a Ha existido siempre y siempre ha de existir. Es normal que las personas sientan desconfianza hacia las personas de otro color porque siempre tememos lo desconocido.

b Con un poco de énfasis en el civismo, el racismo ya no debería existir. Las leyes están ahí para protegernos y la seguridad ciudadana es responsabilidad de las autoridades. Nadie puede justificar las agresiones verbales o físicas a otros por ningún motivo puesto que no es sino tomarse la justicia por su mano.

1a Escucha esta publicidad. ¿De qué problema social trata cada clip?

1b Concéntrate en el primer clip y contesta en español.

  1 ¿Cuál es el problema?

  2 ¿Quién siente temor?

  3 ¿Qué tiene solución?

  4 ¿A quién no debemos discriminar?

1c Ahora concéntrate en el segundo clip y contesta en inglés.

  1 Mention at least two of the upsetting feelings mentioned.

  2 Who experiences those feelings?

  3 Does the speaker express resentment?

  4 What is her advice?

1d ¿Cuál es el mensaje común a ambos clips? ¿Cuál es tu reacción? ¿Estás de acuerdo?

2 Lee el texto y rellena los espacios con el verbo adecuado. Sobran dos palabras.

educar	prever	fomentar	respetar
superar	conseguir	observar	propiciar

Coexistir en armonía

Para (1) …… una convivencia más armónica es importante (2) …… unas reglas simples como (3) …… a la población en el respeto a los derechos humanos y a (4) …… el derecho a la propia identidad compaginándolo con la igualdad de oportunidades.

Asimismo, es importante poder (5) …… y entender las propias emociones y las de aquellos que nos rodean y también (6) …… la tendencia tan arraigada de buscar certezas absolutas, aprendiendo así a relativizar el significado que le concedemos a la realidad.

3a Un eslogan debe ser breve, emotivo y fácil de recordar. Lee este slogan utilizado por el Injuve (Instituto de la Juventud). ¿Cuál es su mensaje?

Somos diferentes, somos iguales

3b Reflexiona sobre los cuatro temas de abajo y haz una lista de palabras e ideas clave relacionadas con ellos. Utiliza tu lista para elaborar un eslogan para cada uno.

  • La importancia de la tolerancia

  • La diversidad y el pluralismo

  • La convivencia cultural

  • El diálogo intercultural

3c Comparte tus eslóganes con un(a) compañero/a para ver si puede relacionarlos con el tema que pretendían promocionar.

4a Lee el comentario. ¿Crees que los mismos sentimientos existen en tu región? Discútelo con tu compañero/a.

De entre 6.000 escolares de 17 comunidades autónomas (CC.AA) el 51% estima que los trabajadores extranjeros quitan puestos a los españoles y el 42% cree que contribuyen al aumento de la delincuencia: ¿Tópico o realidad?

4b Escribe una carta de unas 150 palabras para la sección de 'cartas de los lectores' donde plantees tu posición en cuanto al comentario del ejercicio 4a. Incluye ejemplos relevantes que conozcas.

2 El crimen y el castigo

Al final de esta unidad, sabrás abordar los siguientes temas:

- nuevos delitos y nuevas maneras de combatir el crimen
- la representación y la realidad del crimen
- las pandillas
- el castigo y sus alternativas

Sabrás mejor cómo:

- utilizar la voz pasiva
- utilizar los pronombres
- preparar una discusión oral

¿No tendrá un diccionario?

1a Haz corresponder estas palabras con su equivalente en inglés.

> la policía   el crimen   recluso   jurado
> libertad bajo fianza   instrumento contundente
> el policía   delito menor   juez   culpable
> la cárcel   libertad condicional

> bail   crime   the police   the policeman
> prison   misdemeanour   parole   prisoner
> guilty   blunt instrument   judge   jury

1b Busca las palabras de la lista que corresponden a estas definiciones:

1 Es donde se envía a los condenados para castigarles, privándoles de su libertad.

2 Es una arma con la que se golpea.

3 Una persona que está internada en una cárcel.

1c Escribe una definición para tres palabras más.

1d Lee tus definiciones a un(a) compañero/a para que adivine la palabra correcta.

◆ *¿Realidad o ficción?*

1a Escucha los dos reportajes. ¿Cuál (A o B) trata sobre …?

1 un nuevo tipo de crimen

2 nuevos poderes contra el crimen

3 la falta de leyes actualizadas

4 establecer límites al poder de las autoridades

5 la vigilancia en los lugares públicos

6 el acceso sin autorización al mundo virtual

1b Escucha otra vez. Estas frases son el resultado de un malentendido. Explica lo que quieren decir realmente:

1 Las estatuas del museo serán destruidas dentro de una semana.

2 El museo tiene obras de arte que representan a gente en situaciones íntimas.

3 Hay placas que explican las obras de arte.

4 Julio César es marinero.

5 Julio César logró estudiar en Harvard.

6 A Julio César le gusta hacer ejercicio y gimnasia.

2 Discute con un(a) compañero/a: "¿La tecnología nos protege o nos amenaza?"

piratas informáticos   fraude en Internet
libertad   imágenes pornográficas
los peligros del 'Chat'   vigilancia
seguridad   invasión de la intimidad

16

3a Trata de hacer corresponder las siguientes descripciones con las imágenes de arriba.

a En una serie de aventuras, un abogado resuelve crímenes, no por medio de los últimos avances de la ciencia forense, sino empleando la psicología y el instinto.

b Es dedicado a catalogar diferentes crímenes en varias páginas. Por ejemplo asesinatos en serie, crímenes esotéricos, vampiros ...

c En esta película, Andrea Caracortada presenta un programa de televisión donde se retratan los peores crímenes del día, de forma dramática y exagerada.

d Una película en la que un enfermero viola a una paciente en estado de coma. Es detenido por la policía y se suicida en la cárcel.

e Detalles de un robo con violencia a una anciana que abrió la puerta a un supuesto vendedor ambulante.

d Una obsesión que no distingue entre la realidad y la ficción.

e El uso de descripciones detalladas para dar vida a un relato convencional.

3b Escucha y verifica tus respuestas.

3c Escucha otra vez e identifica cuál de las cinco imágenes representa:

a Una parodia de la obsesión de los medios de comunicación por el sexo y la violencia.

b La hipocresía de explotar la violencia, mientras se pretende hacer campaña en contra.

c Una visión muy humana de una persona que resulta ser un trasgresor.

4a Traduce al español:

Newspapers and television claim to campaign against crime, yet they fill the front pages with stories of violence and tragedy. The first danger is that this increases the fear of crime. The second is that we lose sight of the difference between crime as fact and crime as fascinating fiction.

4b Escribe unas 100 palabras sobre el tema: "¿Por qué nos fascina el crimen?"

Las pandillas

◆ *¿Asociaciones culturales de jóvenes vulnerables?*

Tanto la Policía española como el público general <u>tienen en el punto de mira</u> a dos pandillas juveniles de origen latino. En los suburbios de Barcelona y de Madrid, <u>se ha visto</u> un aumento constante en el número de delitos cometidos por integrantes de grupos como los Latin Kings y La Ñeta. Las pandillas comenzaron a <u>ocupar espacio</u> en la prensa después del asesinato del colombiano Ronny Tapias de 17 años. Fue confundido con un miembro de los Latin Kings al salir de un colegio en Barcelona. Fue asesinado por tres dominicanos vinculados a La Ñeta.

Después del asesinato de Ronny, fue creado un grupo especializado en controlar y reprimir la actividad de las pandillas. Según datos recientes, entre el 2% y el 5% de todos los delitos cometidos en la ciudad los fines de semana los <u>protagonizan</u> integrantes de los Latin Kings y La Ñeta. Entre ellos, el 80% son riñas con grupos rivales.

Los Latin Kings existen desde los años 40 en los Estados Unidos y La Ñeta surgió de las prisiones de Puerto Rico hace 40 años. Las pandillas españolas están vinculadas a sus homónimos extranjeros, pero entre ellas hay inmigrantes de diferentes orígenes, principalmente ecuatorianos y colombianos.

1 Lee y contesta en inglés. Intenta dar respuestas detalladas.

  a Who is worried about gangs in Spain?

  b What brought the problem to public attention?

  c What are the police doing?

  d What do the statistics show?

  e What do the gangs have in common with their American counterparts?

2 Explica en español las frases que contienen palabras subrayadas sin utilizar estas palabras.

3 Busca tres frases con verbos en voz pasiva. Escribe estas frases en voz activa.

  Ejemplo: *Fue condenado: Le condenó el juez.*

4a Escucha. ¿En qué orden se mencionan estos puntos?

  a Las estadísticas dan una impresión equivocada.

  b Hay menos violencia que en América.

  c No hay suficientes pruebas en el caso de Ronny Tapias.

  d Los medios de comunicación exageran el problema.

  e Son grupos de jóvenes de un mismo país de origen.

4b Escucha otra vez y completa la tabla con ejemplos de estos tiempos y personas verbales.

3rd person plural, present tense	3rd person plural, perfect	imperfect subjunctive	present participle	past participle
viven				

Dice el experto …

En Barcelona la pandilla da pasos hacia su integración en la sociedad. El Ayuntamiento reconoce a los Latin Kings como una asociación cultural, así que van a poder recibir ayudas y <u>subvenciones</u>.

Los Latin Kings son una red de apoyo a miles de muchachos de origen latino americano que llegaron a Europa exiliados de su lugar de nacimiento y en medio de la difícil transición a la vida adulta. En uno de los momentos más críticos de su vida, necesitan formar parte de una <u>entidad social de apoyo mutuo</u>.

De hecho, los Latin Kings de los años 40 en Chicago funcionaban como un club social en el que los puertorriqueños y los mexicanos <u>se aliaron pacíficamente</u> para luchar contra la discriminación.

5a Lee y traduce las palabras subrayadas.

5b ¿Verdadero o falso?

1 Los Latin Kings existen oficialmente en Barcelona.

2 El gobierno va a poder dar dinero a los Latin Kings.

3 Muchos de los jóvenes nacieron en España.

4 Los jóvenes son críticos con las autoridades.

5 En los años 40, los mexicanos luchaban contra los puertorriqueños.

6 Escucha a Andreu, Juan José, Paz y a Chona. Decide quién …

1 piensa que las pandillas no tienen nada que ver con Latinoamérica.

2 dice que la organización de las pandillas es muy preocupante.

3 ve a las pandillas como un fenómeno sociocultural.

4 dice que los jóvenes son inmigrantes de segunda generación.

5 no quiere sufrir el lastre de las pandillas en España.

6 menciona la violencia contra los propios miembros de las pandillas.

7 Utiliza lo que has aprendido para hacer un mapa mental sobre las pandillas en España. Explica a un(a) compañero/a todo lo que sabes de ellas.

los nombres de las pandillas   la ropa y los símbolos
los miembros   diferencias con los EEUU
la reacción del público   la policía   la prensa
organizaciones culturales   jóvenes vulnerables
la historia   las estadísticas

8 Escribe a un periódico para denunciar el hecho de que las pandillas podrían recibir subvenciones oficiales.

Es escandaloso que + subjunctive
No creo que + subjunctive

Sería ridículo que + subjunctive
Hay que impedir que + subjunctive

No quiero que + subjunctive
Es imposible que + subjunctive

Insisto en que + subjunctive
Me choca que + subjunctive

La cárcel

◆ *¿Castigar o rehabilitar?*

a Así se necesitan cada vez más cárceles, terminamos vigilando a un porcentaje importante de ciudadanos que no pueden reintegrarse en la sociedad.

b La prisión define dos grupos sociales. Aparta a los 'malos' de los 'buenos'. Nosotros, seres honestos, decentes, podemos contemplar con desprecio las condiciones inhumanas que han merecido los otros, los reclusos. Pertenecer a un grupo nos da la seguridad de nuestra superioridad. Y para que pertenezcamos a este grupo, es necesario que exista otro grupo: el de los reclusos o exclusos.

c Hemos heredado el sistema carcelario de los tiempos más primitivos. Se dice que las cárceles existen para rehabilitar a los trasgresores, pero todos sabemos que no sirven para eso. Las actitudes del público y de la prensa demuestran su verdadera función: Son un instrumento de castigo y venganza hacia los que amenazan a la sociedad. Claro, a corto plazo, ponen bajo siete llaves a los infractores, pero más importante es satisfacer la indignación moral de una sociedad insegura.

d En lugar de prisiones, necesitamos inaugurar pequeñas comunidades, quizás con gente que viva voluntariamente con los presos, con personas dispuestas a compartir su vida con ellos. Sea por vocación o por dinero, pondrían las pautas de una sociedad honesta, decente, compartida, una sociedad que se extiende más allá de los centros de detención, y nos hace a todos más comprensivos, más civilizados.

e Tenemos que cambiar la filosofía del castigo. Aunque la mayoría de la población cree que los criminales merecen ser castigados, el objetivo de la justicia debería ser el de neutralizar, en la medida de lo posible, los efectos de los crímenes cometidos y reducir la probabilidad de que se repitan.

f El problema es que así también formamos un grupo que fortalece a 'los malos'. Ponemos un grupo de personas con problemas similares y los sometemos a presiones intolerables, aislados de la sociedad civil. Es inevitable que se identifiquen con su condición, con el mundo criminal. La cárcel crea criminales.

g En primer lugar, el delincuente tiene que ver el sistema judicial no como su enemigo contra quien lleva una batalla constante, sino como un proceso que le permita reintegrarse en la sociedad.

1a Haz corresponder los párrafos del texto de la página 20 con los argumentos siguientes:

1 Encarcelar a los criminales es un concepto anticuado.

2 El sistema separa a los malhechores de los ciudadanos honestos.

3 Pero también fomenta el crimen, al juntar a los criminales.

4 Así que acabamos encerrando a cada vez más criminales.

5 Necesitamos un nuevo enfoque.

6 Los criminales deben poder volver a considerarse miembros de la sociedad.

7 Necesitamos una solución que cree una sociedad más civilizada para todos.

1b Lee otra vez los párrafos b y d. Explica en tus propias palabras a un(a) compañero/a o bien el problema o bien la solución sugerida.

2 Pon estas frases del texto en las siguientes categorías:

> opiniones   evitar la repetición
> consecuencia   lista
> frase corta y clara   uso del subjuntivo
> uso de adjetivos para ampliar

Ejemplo: 1 = *uso del subjuntivo*

1 Es inevitable que se identifiquen ...

2 una sociedad honesta, decente, compartida

3 La cárcel crea criminales.

4 Se dice que ...

5 infractores ... criminales ... trasgresores ...

6 la indignación moral de una sociedad insegura

7 Así se necesitan cada vez más cárceles.

Los Módulos del Respeto

"Hogar, dulce hogar" dice el mensaje en la alfombra, pero se trata de la puerta de una celda en la cárcel de Mansilla de las Mulas en León. Aquí el gobierno ha implantado los 'módulos del respeto' donde los reclusos ganan calidad de vida a condición de cumplir con sus responsabilidades hacia los demás. El programa incluye trabajo, estudio y ocio. Los internos firman voluntariamente un contrato. Se comprometen a respetar las reglas. Los horarios son estrictos, pero los presos lo prefieren así. "Sabes que estás en la cárcel, pero la actividad te alivia" señala Santiago Jiménez. Condenado por narcotráfico, ahora ha comenzado a estudiar Derecho y quiere "cambiar de bando". Quiere dejar de ir en contra de la justicia y empezar a estar con ella.

3 Lee y contesta en inglés.

1 What is surprising about the door mat?

2 Why are they called *módulos del respeto*?

3 Why do the prisoners not mind the strict timetable?

4 How has Santiago changed sides?

4 Escucha y contesta en español:

1 Explica por qué siguió vendiendo la droga.

2 ¿Por qué piensas que apenas conocía a su hija?

3 Para él, ¿qué ha sido lo más importante de su experiencia?

5 Explica a un(a) compañero/a las diferencias entre la foto y lo que propone el sistema de 'módulos del respeto'.

6 Escribe un párrafo a favor y uno en contra de la afirmación: "El papel de la cárcel como castigo es indispensable para mantener una sociedad estable y segura."

¡Atención, examen!

Gramática   ➡ 138 ➡ W62

The passive

● The passive voice is formed using the verb *ser* and the past participle. Once *ser* has been put into the right form, the past participle is added. However, as the verb 'to be' is being used, the past participle may have to be changed to agree.
El ladrón fue detenido. La niña fue secuestrada.

● Remember that *se* can be used to avoid the passive in many cases in Spanish:
Prison is presented as the only solution.
La cárcel se presenta como la única solución.

A Complete the Spanish version of the explanation, using the passive voice. Notice how *se* has been used to avoid the passive in two cases.
La voz pasiva __(formar)__ utilizando el verbo 'ser' y el participio pasado. Una vez se haya puesto el verbo 'ser' en su forma correcta, se agrega el participio pasado. Sin embargo, puesto que el verbo 'ser' __(utilizar)__ , el participio pasado puede tener que __(cambiar)__ para acordarse.

B Which of these are examples of the passive voice? Which past participles have had to agree? Where the example is not the passive voice, what tense is it?

  1 Fue condenado a diez años de cárcel.

  2 Fueron acusados por abuso de menores.

  3 Han sido detenidos por la policía.

  4 La policía ha detenido a dos sospechosos.

  5 Al haber sido detenido, llamó a su abogado.

  6 Ser encarcelada fue una etapa importante en su proceso de reforma.

C Translate these sentences into Spanish:

  1 He was detected by the FBI.

  2 The recordings will be destroyed.

  3 The attack was committed by a door to door salesman.

D Use the passive and the '*se* construction' to rewrite these sentences in two different ways.
Ejemplo: *Condenan a los infractores. Los infractores se condenan./Los infractores son condenados.*

  1 Describen los crímenes con detalles espantosos.

  2 Asaltan a los que abandonan las pandillas.

  3 Vigilan a los jóvenes en la calle.

  4 Han detenido a un sospechoso.

  5 Iban a repartir una foto de la víctima.

● Note the usage of *ser* and *estar*:
La ventana fue rota (por el niño que lanzó una piedra contra ella) = action
La ventana estaba rota (porque un niño había lanzado una piedra contra ella) = state

Gramática   ➡ 128 ➡ W22

Reflexive pronouns, direct object pronouns, and indirect object pronouns

E Identify the pronouns in these sentences and translate into English:

  1 Lo encontraron después de años buscándolo.

  2 Se lo robaron en el metro.

  3 Se suicidó en la cárcel.

  4 La vieron como salía corriendo de la casa.

  5 Decidieron acusarlo de fraude telefónico.

Técnica

Preparing for the discussion/conversation about a chosen topic

Present • Analyse • Develop • Justify

These are the key elements you must focus on when preparing your oral presentation for section B of the oral exam.

1 List the main facts you wish to present.
For each fact write down essential technical vocabulary or phrases.
Make a list of good language structures you are confident about using.

2 Structure your presentation carefully: introduction, main points, summing up.
Link your phrases and sections together to make it flow.

3 You may speak from notes, so make clear headings to act as prompts only.

◆ In speaking, make your point of view clear from the start. Then explain and justify it. You can look at other opinions, but make it clear what your attitude is.

◆ Use little routines that will keep you going and help expand your points. You will also find this approach brings out more sophisticated language. For example:

> A fact → B significance → C personal reaction
>
> A *En Madrid un museo ha recibido permiso para poner cámaras en un espacio público.*
>
> B *Eso muestra que | Eso implica que | Eso significa que | Eso es importante porque …*
>
> *normalmente la videovigilancia no está permitida en las calles de España.*
>
> C *Me sorprende que | Me choca que | Encuentro muy raro que …*
>
> *sea así, porque en Inglaterra ya nos hemos acostumbrado a ver cámaras en todas partes.*

1 Follow the example above and practise making statements using information from the unit about the following topics or aspects.

Las pandillas

El fraude en Internet

Los peligros del 'chat'

Las imágenes pornográficas

Los jóvenes armadas con navajas/cuchillos

◆ Presentations and discussions in a foreign language are often poorly delivered because the speaker is concentrating on the words, not on the meaning. The most important thing is to communicate your points to your audience – in your case the examiner.

◆ Use eye contact and pauses to check your audience are following you. Use hand gestures to help you talk at the correct pace and with emphasis on the important points.

◆ When you practise either responding to an article or presenting your ideas on a topic, focus on the points you want to make. Don't memorise bits word for word. Pause for thought before you start a sentence, then try to deliver the whole sentence in one go.

◆ Record yourself speaking. This will give you a good idea of the pace of your delivery and the timing of your talk. It will also help you to correct your pronunciation and intonation.

◆ Find out what the assessment criteria are and make sure you meet them.
  – development of ideas
  – fluency
  – spontaneity
  – responsiveness
  – pronunciation and intonation
  – accuracy and range of vocabulary
  – accuracy and range of language structures

◆ Leave some aspects of the topic for discussion, and be prepared to defend your views.

◆ Concentrate on communicating.

2 Research and prepare a presentation on one of these topics:

> Crime in the films of Pedro Almodóvar.
> The 'Módulos del Respeto' in Spanish prisons.
> New crimes and changes to the law in Spain.
> The gang 'Las Ñetas' in Spain.

A escoger

Bajo el Artículo 17 de la Constitución se extiende la protección legal a los acusados. Se prohíbe la detención sin motivo y pone un máximo de 72 horas al periodo de detención preventiva. El acusado tiene derecho a saber el motivo de su detención y no puede ser juzgado en ausencia.

El grupo Amnistía Internacional ha llamado a la atención varios abusos, bajo legislación antiterrorista, de los derechos humanos y legales de los detenidos. Por su parte, el gobierno español alegó que los sospechosos de terrorismo se quejan automáticamente de brutalidad o de tortura, aunque no sea el caso.

Un problema muy grave ha sido el retraso en tramitar los procesos legales. Un delito menor podía tardar más de un año antes de que el acusado compareciera ante un tribunal. Para los crímenes mayores, un lapso de dos años ha sido normal. El gobierno ha impuesto un periodo de cuatro años máximo para que un caso llegue a las cortes.

Las estadísticas oficiales reflejan una tasa de crimen más baja que otros países de la Unión Europea, pero con un aumento de un 5% anualmente. El caso de atraco perpetrado sobre turistas extranjeros es un factor alarmante en este auge. También se ha atribuido a las condiciones sociales en zonas urbanas donde predomina el desempleo, y al creciente problema de la adicción a las drogas.

1 Lee el texto y luego contesta oralmente a las siguientes preguntas. Haz las preguntas por turnos con un(a) compañero/a.

Estudiante A

1 Explica lo que significa el "máximo de 72 horas".

2 Explica la importancia del Artículo 17.

3 ¿Piensas que estos derechos deben extenderse a los terroristas?

4 ¿Qué piensas de la diferencia de opinión entre Amnistía Internacional y el Gobierno?

5 ¿Qué reformas te gustaría proponer para el sistema de justicia?

Estudiante B

1 Explica las estadísticas relevantes a la tasa de crimen en España.

2 ¿Por qué se ha impuesto un límite de 4 años en el proceso judicial?

3 ¿Cuáles son los problemas que este límite puede producir?

4 Personalmente, ¿qué piensas de la relación entre el desempleo y el crimen?

5 ¿Qué reformas te gustaría proponer para el sistema de justicia?

2a Escucha y contesta a las preguntas.

1 ¿Cuáles son los cuatro motivos para denunciar el crimen?

2 ¿Cuáles son los tres motivos para no hacerlo?

2b Escribe 150 palabras para explicar los motivos a favor o en contra de denunciar el crimen a las autoridades. Incluye también otros motivos que puedas imaginar y tu reacción personal a la situación.

3 Busca sitios de Internet en español dedicados a los siguientes temas.

1 Abusos de los derechos humanos

2 Derechos constitucionales y reformas al Código Penal

3 Estadísticas relacionadas con el crimen

Toma apuntes sobre:

- hechos e información
- vocabulario y lenguaje técnico

¿Choque de civilizaciones?

El recelo ante la integración de los hispanos en EEUU desde el punto de vista 'gringo'

Las guerras y los enemigos externos han jugado papeles fundamentales en el desarrollo de las identidades nacionales en todos los países a lo largo de la historia. Es un fenómeno universal.

En Estados Unidos, al finalizar la guerra fría empezó a darse más importancia a las identidades subnacionales, étnicas, raciales, culturales y de género y la identidad nacional comenzó a perder su significado intrínsico. Pero hoy se ha vuelto a surgir la idea del nacionalismo como consecuencia del terrorismo que amenaza nuestras sociedades – nos ha devuelto el sentimiento de identidad nacional.

Los hispanos representan entre el 12 y 13% de la población de EEUU, pero en los últimos años han sido responsables del 50% del crecimiento de la población y para el año 2040 representarán más del 25%.

Los hispanos asimilan el credo americano lenta y difícilmente porque nunca rompen por completo sus vínculos con su país de origen – tienen lazos muy estrechos y van y vienen fácilmente.

La inmigración mexicana es muy diferente a las oleadas previas en que los inmigrantes cruzaban miles de millas de océano para llegar hasta aquí.

Aquéllos perdían contacto con sus sociedades de origen y si querían volver era una decisión crítica y la mayoría se quedaban. Además profesaban la ética protestante de amor al trabajo.

No creo que la inmigración hispana sea una amenaza en sentido real – es más bien un reto a los que han sido elementos claves de la identidad nacional americana.

Si las tendencias siguen así seremos cada vez más un país de dos idiomas y dos culturas. Cada día vemos más pruebas del aumento del uso del español en nuestra sociedad y en muchos aspectos se está convirtiendo en un idioma igual al inglés. Éste representa un cambio importante en la identidad nacional americana. Pronto seremos como otros países como el Canadá y otros tantos europeos. En Francia, por ejemplo, cuyo nacionalismo está aferradamente vinculado al laicismo, se comprende por qué tienen tantos problemas con los velos musulmanes.

Podría decirse que en Europa el problema para asimilar la inmigración es la religión y que en EEUU es el idioma y la cultura.

1 Busca palabras o frases que signifiquen:

1 have played a part
2 throughout history
3 began to give importance
4 has arisen again
5 because of
6 has given us back again

2a Contesta a estas preguntas en inglés:

1 What point does the text make about the changes in national identity?
2 How has the Latino population of the USA changed?
3 How is the integration of the Latin-American population different from earlier immigration?
4 What is the writer's attitude to the situation?

2b Discute en español con un(a) compañero/a:

1 ¿El terrorismo realmente cambia la identidad nacional?
2 ¿La inmigración amenaza la identidad nacional?
3 ¿Qué representa un obstáculo mayor a la integración: la cultura o la religión?

3 Escucha el reportaje y contesta a las preguntas en español con tus propias palabras.

1 ¿Por qué crees que acudieron a ese extremo de protesta?
2 ¿Qué habían prometido hacer?
3 Sin embargo, ¿qué les pasó?
4 ¿Cómo terminó el asunto?
5 ¿Cómo deberíamos resolver la situación, en tu opinión?

4a  Escucha y contesta en inglés.

- **a** Who wants to put up CCTV cameras?
- **b** Where?
- **c** Why?
- **d** Give three reasons why it is unlikely they will get permission.

4b Completa las frases con la forma correcta del verbo.

- **a** El Ayuntamiento tiene que pedir permiso para que (instalar) las cámaras.
- **b** Los coches que entraban a la urbanización (grabar).
- **c** La Delegación del Gobierno ya (rechazar) una solicitud similar.
- **d** La intimidad de las personas (respetar).

> El Tribunal Superior de Justicia ha afirmado la legalidad del despido de un trabajador de supermercado que tomó un zumo de naranja de un estante y se lo bebió. El empleado alegó que las cámaras violentaron su derecho a la intimidad, ya que su presencia era para evitar robos, y no para controlar a los trabajadores. El tribunal rechazó su argumento porque su conducta fue abusiva, desleal e indisciplinada, porque él sabía que la tienda estaba vigilada por cámaras.

5a Lee. ¿Verdadero o falso?

- **a** El trabajador pidió una bebida a su jefe.
- **b** El trabajador dijo que no tenían derecho a vigilarlo en su trabajo.
- **c** Él era guardia de seguridad en el supermercado.
- **d** El trabajador era una persona violenta.

5b Utiliza la información del texto para explicar el incidente desde el punto de vista del trabajador despedido. Incluye su argumento sobre el uso de las cámaras.

6 Escribe 100 palabras para explicar qué pasa en la foto y para dar tu propia reacción.

- la situación
- los protagonistas
- lo que quieren lograr
- las consecuencias
- puntos de vista diferentes
- reacción personal

7a Lee el texto y traduce el último párrafo al inglés.

Otra muerte, otra vergüenza (otro escándalo)

Andrés apenas tenía 14 años cuando se ahorcó, convirtiéndose en la persona más joven en morir bajo custodia policial en Gran Bretaña. Desde 1990, 25 chicos han muerto en estas circunstancias. Un total de 2.637 menores de 18 años están retenidos en centros de detención supuestamente seguros; el número se ha duplicado en tan sólo una década. Tales estadísticas, combinadas con el alarmante número de suicidios, han provocado muy pocas respuestas y reacciones oficiales. Bajo una orden que pronto será ley, estará permitido someter a los jóvenes a registros rutinarios en los que tendrán que estar desnudos, se les podrá encerrar en sus celdas durante más horas y tendrán acceso a menos educación.

A los niños menores de 14 años no se les debería juzgar bajo un sistema criminal diseñado para adultos. Si es necesario mantenerles bajo vigilancia, deberían ser custodiados por las autoridades locales y no por unas instituciones que imiten a las cárceles para adultos, donde los adolescentes se sienten desesperados y están lejos de sus familias. Cuando la diferencia entre vulnerabilidad y criminalidad no es más que un hilo, sólo puede haber un principio que lo guíe … El deseo de castigar a los jóvenes jamás debe eclipsar su derecho a la vida.

7b Contesta a las preguntas en español.

- **1** ¿Por qué es tan chocante el caso de Adam?
- **2** ¿Qué demuestran las estadísticas?
- **3** ¿Qué van a hacer las autoridades?
- **4** ¿Cuáles piensas que pueden ser las consecuencias?
- **5** ¿Qué dice de los menores de catorce años?
- **6** ¿Qué importancia tiene la localidad de la institución?
- **7** ¿Los jóvenes delincuentes son víctimas?
- **8** ¿Cuál piensas que puede ser la solución?

La riqueza, la pobreza y el desempleo

Juan Luis Guerra
Nació en 1956 en la República Dominicana.
Canta "merengue" – música de baile – con letras sobre el amor, la vida, la justicia …

1a Haz corresponder las frases con las definiciones.

> un comedor social
> dos cubetas para mojarme la vida
> en ONATRATE, un pie adentro, otro afuera
> bienes raíces
> el Hotel Lina
> la UASD
> la Pedro Henríquez

> transporte público atestado
> un restaurante prestigioso
> una universidad prestigiosa y cara
> cooperativa donde se puede comer barato
> la Universidad Autónoma de Santo Domingo
> sin cuarto de baño
> casas y terrenos

1b Escucha la canción *Me enamoro de ella* de Juan Luis Guerra y decide en cada caso si se refiere al cantante o a "ella".

1 Viene de un barrio pobre.
2 Viaja en transporte público.
3 Estudia en una universidad privada.
4 Juega al tenis.
5 Come en un restaurante.
6 Tiene sauna y piscina.
7 Tiene que trabajar.

1c Escucha otra vez y apunta los contrastes de los ejemplos 1–7.

Ejemplo: *Viene de un barrio pobre / es de clase alta.*

1d Explica a un(a) compañero/a las diferencias entre el estilo de vida del cantante y de su enamorada.

1e Lee el texto y escoge la forma más apropiada del verbo.

La noche que se conocieron, ella (**1**) llevaba/llevó un vestido de marca y él unos pantalones vaqueros. Ella (**2**) estaba cenando/cenó en un restaurante donde él (**3**) trabajaba/trabajó como camarero para pagarse los estudios. (**4**) Estaba saliendo/salió cuando le (**5**) preguntaba/preguntó su nombre. "Me llamo Juan Luis," (**6**) contestó/contestaba, "y a usted, ya la conozco."

27

Extremos y contrastes

◆ *¿Se puede confiar en las estadísticas?*

1a Mira los mapas.

  1 ¿Cuáles son los países más grandes?

  2 ¿Cuáles son los países más ricos?

  3 ¿Cuáles son los países con más pobres?

1b 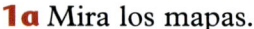 Escucha y mira los mapas. Decide si cada afirmación es verdadera o falsa.

1c Traduce al español.

  1 The average income in Bolivia is higher than in Nicaragua, but Nicaragua doesn't have as many people living in poverty.

  2 Peru has as many people in poverty as Nicaragua, but it is a richer country.

  3 Costa Rica isn't the richest country, but it does have the fewest people living in poverty.

1d Escribe frases como las del ejercicio 1c comparando los países de los mapas.

México – ¿rico o pobre?

a   México ocupa el décimo lugar en la lista mundial de importaciones/exportaciones.

b   Casi un tercio de la población trabaja en la economía "informal".

c   El valor de bienes exportados es superior al de países como Grecia o Irlanda.

d   Un niño de cada cuatro vive en la pobreza absoluta.

e   La tasa de mortalidad infantil es de 52 por 1.000 entre los más pobres, 13 por 1.000 entre los más ricos.

f   Las 25 familias más ricas ganan más que los 25 millones de mexicanos más pobres.

g   México es uno de los productores más importantes de coches y piezas para coches, textiles y ropa, acero y productos manufacturados.

h   Los más pobres cursan un promedio de dos años en la escuela.

i   México ha sobrepasado al Japón como exportador a los Estados Unidos.

j   Un mexicano de cada cuatro gana menos de dos dólares al día.

k   La zona San Diego-Tijuana-Mexicali produce el 70% de los televisores del mundo.

l   Un 10% de la población (los más ricos) recibe casi el 50% de los ingresos.

m   El sueldo medio es de 8.500 dólares anuales.

Si tomamos su temperatura media, su salud es excelente.

4   Toma información de las páginas 28 y 29 para escribir 100 palabras sobre el tema: "Las estadísticas, sobre todo los promedios, oscurecen los extremos y las injusticias".

Los comedores populares son una iniciativa propia de las mujeres de los barrios de Lima, la capital del Perú. Permiten a las mujeres trabajar sin tener que preocuparse por dar de comer a sus hijos, pudiendo así contribuir al presupuesto familiar. Se organizan por turnos en la cocina para preparar la comida para las familias de todas ellas. Las que preparan la comida ese día comen gratis y las demás contribuyen con una cuota para cubrir el coste de los ingredientes. El no tener que estar a la fuerza en la cocina libera la potencia económica de la mujer y estimula la generación de ingresos.

2a Separa los hechos sobre México en positivos o negativos.

2b   ¿México es un país rico o un país pobre? Utiliza la información para presentar un lado del argumento a un(a) compañero/a.

3   Explica por qué esta caricatura es relevante a la economía de un país como México.

5   Lee el texto sobre los comedores populares. Explica a un(a) compañero/a:

• ¿Qué son?

• ¿Cómo funcionan?

• ¿Quién participa y cómo se benefician?

¿La globalización genera empleo?

◆ *Los ricos se enriquecen … pero ¿quién emplea a los pobres?*

1 Lee los dos textos y decide si las políticas mencionadas a continuación
son típicas del paternalismo o del comercio libre.

> un sistema de seguridad social   la eficiencia   el consumismo   la protección de la industria
> la modernización   los subsidios   el mercado libre   la agroindustria   las importaciones/exportaciones
> la inversión extranjera   la industria nacionalizada   las tarifas sobre bienes importados

El paternalismo

Bajo un gobierno paternalista, el estado se hace
responsable del bienestar de sus ciudadanos.
Salud, educación, vivienda, agricultura,
industria: Todo cuenta con la ayuda o la
protección del gobierno. El estado garantiza
precios fijos a los agricultores, luego distribuye
los comestibles básicos a la población a un
precio asequible. Grandes sectores de la
industria son manejados directamente por el
gobierno: Teléfono, electricidad, correo, agua,
ferrocarriles, coches, líneas aéreas … El sector
público crea trabajos estables: burócratas,
profesores, médicos – todos son funcionarios.
Tarifas y cuotas limitan las importaciones de
bienes extranjeros, y favorecen la compra de
productos nacionales.
Ya tengo la infraestructura para un futuro mejor.

Ya tengo la infraestructura para un futuro mejor.

2 Lee los dos textos y explicalos a un(a)
compañero/a:

* ¿Quién habla?

* ¿De qué habla?

* ¿Cómo ha cambiado la situación?

* ¿Cuál es el efecto de los cambios?

El comercio libre

El comercio libre favorece la competencia y la
eficiencia. No gasta los recursos públicos en
industrias atrasadas, ni fomenta la dependencia
en los subsidios gubernamentales. Una economía
moderna depende del libre comercio, de
importaciones que dan opciones al consumidor
y que obligan a las empresas a competir para
ofrecer un producto mejor y más barato.
Permite a los campesinos vender sus terrenos
a las grandes compañías agrícolas eficientes y
rentables. El país se hace más atractivo a las
inversiones extranjeras y los grandes intereses
públicos se venden al sector privado. Ofrece
oportunidades de grandes cambios en la
sociedad, donde el individuo es responsable de
su destino.

a Yo trabajaba en las tierras de mi pueblo.
Teníamos cultivos de maíz y algunas
gallinas. Ahora nos han quitado los
subsidios y nos resulta más barato
comprar pollos importados. Así que aquí
estoy, limpiando parabrisas en la ciudad.

b Trabajo en la industria nacional del
petróleo. Antes, era un trabajo bueno y
seguro. Ahora el gobierno quiere ceder
el contrato a una compañía extranjera
y exportar el petróleo. Tal vez pierda mi
trabajo. Yo creo que los recursos naturales
son propiedad de los ciudadanos y el
gobierno no tiene derecho a ponerlos en
manos extranjeras.

3a Lee el texto. ¿Es un ejemplo de paternalismo o de comercio libre?

> Yo compro tortillas para dar de comer a mi familia. El precio es fijado por el gobierno. Así los agricultores reciben un precio justo, para poder vivir, y nosotras pagamos un precio razonable. Si no pudiéramos comprar tortillas, ¿qué comeríamos?

3b Escucha a Santiago explicando el texto. Apunta ejemplos de cómo él …

- describe el contexto
- explica la idea principal
- ilustra la idea con ejemplos/consecuencias
- adapta la persona/tiempo/voz de los verbos
- utiliza sus propias palabras
- agrega su propia reacción

4 Escribe 100 palabras en español para explicar los siguientes puntos.

- In many poor countries, farmers have been encouraged to grow coffee as a cash crop.
- The more coffee becomes available, the lower the price falls.
- Coffee prices are dependent on its value in world markets, not the cost of producing it.
- In a bad year growers have little to sell.
- In a 'good' year, the prices fall.
- Growing coffee involves a considerable investment for a small farmer.
- Coffee production puts pressure on soil quality and water supply.
- Harvesting coffee provides a large amount of work for a very short period of the year.
- Processed coffee attracts more stable prices than beans.
- First-world countries put higher import tariffs on processed coffee.

5 Lee el texto dos veces en voz alta. Explica lo que significa con tus propias palabras. Hazlo primero en inglés y luego en español.

6a Las palabras en negrita en el texto son clave. Búscalas en el diccionario si no puedes adivinarlas o no sabes lo que significan.

6b Lee el texto otra vez y contesta a las preguntas.

1 ¿Qué tipo de desempleo causa más problemas en la sociedad?

2 ¿Qué ejemplo se cita?

3 ¿Quién sufre más con el desempleo estructural? ¿Por qué?

4 ¿Qué otra razón influye en el desempleo estructural?

5 ¿Por qué se dice que el desempleo friccional no es tan problemático?

6 Da algunos ejemplos de empleo estacional.

Desempleo

El término **desempleo** es sinónimo de **desocupación** o **paro**. Hay desempleo cuando la población activa es decir, aquella en edad de trabajar, no tiene trabajo. No se debe confundir población activa con población inactiva. Existen cuatro tipos de desempleo: el *cíclico*, el *estructural*, el *friccional* y el *estacional*.

Tipos de desempleo:

Cíclico

Este tipo de desempleo es el más **perjudicial**. El desempleo cíclico puede llevar a países con instituciones débiles a situaciones de violencia generalizada y en última instancia, a la desobediencia civil. Un ejemplo típico de desempleo cíclico se dió durante el crac del 29.

Estructural

El desempleo estructural consiste técnicamente en un **desajuste** entre oferta y demanda de trabajadores. Ocurre cuando un porcentaje de la población no puede encontrar empleo de manera sostenida, especialmente en las pequeñas y medianas empresas las cuales no logran adaptarse a las crisis cíclicas del sistema capitalista, en el que sólo los grandes conglomerados empresariales pueden funcionar.
Por otro lado, cuando se habla de desempleo estructural el factor tecnológico es un elemento que hay que considerar. El constante desarrollo tecnológico hace que se requiera menos mano de obra altamente cualificada y como consecuencia, la gran masa de trabajadores **se desplaza** hacia trabajos esporádicos o de carácter **precario**.

Friccional

Se refiere a los trabajadores que pasan de un empleo a otro para mejorar su condición laboral. Su desempleo es temporal y no representa un problema económico. El desempleo friccional es relativamente constante.

Estacional

El desempleo estacional es aquel que varía con las estaciones del año debido a **fluctuaciones** estacionales en la oferta y la demanda de trabajo. Se habla de desempleo estacional, por otra parte, para referirse al que se produce como consecuencia de la demanda fluctuante de empleo de ciertas actividades, como la agricultura, por ejemplo.

Empleo/Desempleo en el mercado global

◆ *¿Quién ayuda a los trabajadores?*

El desempleo en España **bate récords**

España cerró el año con un récord histórico **de desempleados, 3,1 millones**, la cifra más alta desde enero de 1996, informó hoy el Ministerio de Trabajo en Madrid. Las cifras demuestran el duro impacto que tuvo en el mercado laboral español **el desplome del sector inmobiliario** y de la construcción, situación que **se vió agravada** por la crisis financiera internacional.

Precisamente, en diciembre el desempleo subió sobre todo en el sector de la construcción, **con un aumento de** casi 71.000 personas, seguido del sector servicios, con un incremento de 46.471 personas y la industria, con 27.725 personas más.

La crisis también **ha golpeado duramente a los inmigrantes**, ya que en el conjunto del año **se contabilizaron** alrededor de 200.000 extranjeros más sin trabajo, lo que deja un total de 410.000 desempleados en este grupo a finales del año. Sólo en diciembre, el aumento respecto al mes anterior fue de 8,25%.

De acuerdo con los datos más recientes de la oficina europea de estadística Eurostat, España es el país con más desocupados de la eurozona, **con una tasa que asciende** al 12,8%.

Muchos dicen que en medio de la actual crisis durante la que **el nivel de desempleo se ha agudizado**, las empresas del sector industrial **no justifican sus planes de despidos** y parece como si aprovecharan la coyuntura para reducir sus plantillas. Es como si 'cualquier reestructuración de plantilla pudiera camuflarse **al amparo de la crisis económica**'.

El gobierno es consciente de que 'vienen unos meses que no van a ser nada buenos y agrega que espera que prosperen los planes que ha puesto en marcha y que incluyen un plan de reinserción laboral para los trabajadores afectados por la crisis.

1 Lee el artículo y explica lo que significan las frases resaltadas en negrita.

2 Lee la página 35 y contesta a las preguntas oralmente, empleando los consejos.

   1 ¿Qué diferencias hay entre la situación actual y la de antes?

   2 ¿Qué sectores son los más afectados por la crisis?

   3 ¿Qué grupo de trabajadores son los más vulnerables?

   4 ¿Qué crítica se hace de las empresas?

   5 ¿Vale la pena protestar? ¿Qué se gana con la protesta?

3 En tu opinión, ¿qué debe hacer un gobierno para ayudar a los trabajadores?

El trabajo no es más que un escenario y tú, sólo un actor.

La supuesta oposición entre el sector público y el sector privado se ha exagerado. Los dos sectores tratan a los ciudadanos como actores mudos en el drama entre gobierno e intereses comerciales. Vemos los polos divergentes de la provisión estatal y de la oferta y demanda del mercado. La sociedad civil puede intervenir entre los dos sectores para mejorar las condiciones de vida. Esta actúa muchas veces sin afán de lucro y sin que los otros dos sectores perciban su existencia.

Las organizaciones no gubernamentales, las empresas cooperativas, los sindicatos independientes, los movimientos de mujeres, las universidades y las iglesias, todos fomentan la democracia en lugar de la autocracia o la explotación. Un proyecto de investigación, una galería de arte, un comedor social, una guardería, un programa de alfabetización o de higiene no tienen que ser ni capitalistas ni estatales.

4a Lee el texto sobre la sociedad civil e interpreta las opiniones del autor. Utiliza estas frases para completar la tabla:

  a da voz a los ciudadanos

  b no quiere explotar a los ciudadanos

  c fomenta la explotación

  d se centra en las necesidades básicas

  e fomenta la autocracia

  f hay muchos ejemplos pequeños pero importantes

  g se representa como la única alternativa a la intervención del gobierno

  h no llama la atención

Desventajas del sector público	Desventajas del sector privado	Ventajas de la sociedad civil
		a

4b  Explica tus respuestas a un(a) compañero/a.

Pat Lenheiser

¿Sin ánimo de lucro?

Mi interés en el microcrédito data de 1999 cuando leí que había un 'banco de pobres' en Tijuana. Yo estaba viviendo en San Diego y esa misma tarde fui a verlo y a conocerlo … Esta experiencia cambió mi vida.

Pensaba que las mujeres serían muy pobres, y en eso tenía razón, pero lo que me llamó la atención fue su actitud. Tenían un espíritu de confianza y de autosuficiencia. Ese optimismo fue lo que me convenció. Invertí tiempo y mi propio dinero en proyectos al otro lado de la frontera. En diez años hemos prestado más de $800.000 a mujeres y familias.

Déjame explicar cómo funciona: El microcrédito presta entre 50 y 100 dólares a los más pobres, sobre todo a mujeres, para que establezcan un pequeño negocio. Por ejemplo, en México las mujeres hacen tortillas, cosen o venden ropa y crían cabras, gallinas o cerdos. Hay reuniones cada mes para hacer cuentas con el 'banco' que también sirven para juntar a las mujeres para comparar experiencias y colaborar entre ellas.

Más que el dinero, lo que se valora es la dignidad que conlleva tener un trabajo y un papel en la comunidad y el hecho de 'ser alguien'. El 'banco' ofrece la oportunidad de independizarse, de lanzar un negocio y ganarse la vida.

¿Y el banco? El banco va muy bien, pero invertimos los intereses que recibimos en más proyectos. Resulta que los pobres son una inversión muy segura, ya que entre ellos es donde hay más potencial para la transformación y el crecimiento.

5 Lee y contesta en español.

1 Explica lo que motivó a Pat a invertir en los pobres.

2 Explica cómo un banco de microcrédito es similar/diferente a un banco normal.

3 Según Pat, ¿cuáles son las ventajas del sistema?

4 ¿Qué piensas tú del microcrédito?

6 Escucha y contesta en inglés.

a What was her attitude to start off with and why?

b How much did she borrow, and how did she invest it?

c How much does she owe now?

d How is her business going? How can you tell?

7 Utiliza ideas y ejemplos de las páginas 30–33 para escribir una carta a un diputado explicando los desafíos a los que se enfrentan los más pobres a la hora de incorporarse a la economía moderna.

8 Trabaja en grupos. Discute y analiza la situación actual. ¿Qué consejos le daríais a una persona que se encuentra recientemente desempleada? Escribe una lista de consejos.

oportunidades	competencia	inversión
educación	empresas internacionales	
eficiencia	desempleo	subvenciones
explotación	democracia	influencia

¡Atención, examen!

'Si' clauses and sequence of tenses

> **Usually or probably:**
>
> If you do this ...
>
> The verb in the 'si' clause will be in the **present** tense. The verb in the consequential clause will be **present**, **future** or **imperative**
>
> **Si + present tense + imperative or future or present tenses.**

A Analyse the tenses of these examples, then translate them into English:

1 Si no ganas lo suficiente, tus hijos tendrán que trabajar para ayudarte.

2 Si trabajan, no van al instituto.

3 Si no estudian, no conseguirán un buen trabajo.

4 Si tienes la oportunidad, ¡estudia!

B Translate these sentences into English:

1 Si mi padre no trabaja, pasamos hambre.

2 Dime si puedes ayudar.

3 Si no hay políticas de seguridad social, los más vulnerables no reciben atención.

4 Hay que preguntar a los políticos si creen que es justo.

C Write these sentences in Spanish:

1 If you can buy maize cheaper than you can grow it, you can't survive as a farmer.

2 If you move to the city you will lose contact with your community.

3 If you can't feed your family, sell your land.

4 You can buy an imported car, if you have the money.

> **Doubt or hypothesis:**
>
> If you did this ... If you were to do this ...
>
> The verb in the 'si' clause will be in the **imperfect subjunctive** or the **pluperfect subjunctive**. The verb in the consequential clause will be in the **conditional**, the **conditional perfect**, or the **pluperfect subjunctive**.
>
> **Si + imperfect subjunctive + conditional**
>
> **Si + pluperfect subjunctive + conditional perfect or pluperfect subjunctive.**

D Analyse the tenses and then translate these examples into English:

1 Si fuera a la ciudad, ganaría más dinero.

2 Si hubiera podido, habría ido a la ciudad.

3 Si hubiera ido a la ciudad, hubiera ganado más dinero.

E Translate these sentences into English:

1 Si hubieran invertido más, habrían evitado la crisis.

2 Si lo hubiera sabido, no hubiera ido a la ciudad.

3 Si volviera a hacerlo, no cambiaría mi decisión.

4 No podría ayudarles, aun si quisiera.

F Write these sentences in Spanish:

1 If I had the money I would move to the USA.

2 The rich would have to eat money if the poor didn't give them food.

3 If I hadn't sold my land, I wouldn't be cleaning windscreens in the city.

Other hypothetical expressions:

There are several more conditional conjunctions which take the subjunctive when they have the meaning of *si = if.*

Como lo vuelvas a hacer, te castigaré.

Como si lo supiera todo.

Con tal de que *trabajes, podrás salir adelante.*

Con que *me presten el dinero, podré poner mi negocio.*

Siempre que *haya riqueza, habrá pobreza.*

G Now translate each example into natural English.

> **Remember**
>
> If A happens, then B will happen = present indicative + future.
>
> If A happened/were to happen, then B might/could/would happen = imperfect subjunctive + conditional.

Técnica

Improvising

Hesitating and stalling

It is useful to have expressions that get you started or cover pauses while your brain registers a question and starts to think of an answer. Make sure you know what each one means. Add any further examples of your own.

> **Pues … – Bueno … – Diría que …**
> – Lo que pasa es que …
> – Lo primero que se me ocurre es que …
> – Lo que hay que tener en cuenta es que …
> – No había considerado eso, pero lo que diría es que …

1 Here are some questions. Practise firing them at a partner. See if they can stall long enough while they look through the book for an answer:
1 ¿En qué ciudad hay comedores populares?
2 ¿Cómo se llama la señora norteamericana que apoyó el banco de los pobres?
3 ¿Cuál es más grande – Venezuela o Colombia?
4 En un camión pone Americorn. ¿Qué pone en el otro?
5 ¿De dónde es Juan Luis Guerra?

Dealing with difficulty

Remember, if a question is hard for you, it is hard for everyone else. Use it as an opportunity to show what you can do.

- Restate the question while you think:
  ¿Cómo resolver el problema de la pobreza?

- Acknowledge it's difficult:
  Es una pregunta muy compleja, no hay una respuesta sencilla …

- Look at a few points for either side:
  Se podría decir que es la responsabilidad del gobierno, pero el gobierno no puede resolverlo todo.

- Say how nice it would be to find a solution:
  Si fuera posible, lo ideal sería coger todo el dinero y dárselo a los pobres.

- Attempt to give your own view.
  This may be that there is no easy answer.
  Creo que siempre va a haber ricos y pobres, pero tal vez no debería haber tanta diferencia.

- Use it as a chance to show off some flashy Spanish:
  Si supiera resolver esto, ¡sería presidente del Banco Mundial!

2 Follow the steps to answer these questions:
a Sector público, sector privado: ¿Cuál es mejor?
b ¿Por qué hay países ricos con tantos pobres?
c ¿La pobreza es consecuencia de la riqueza?
d ¿Por qué es azul el cielo?

Thinking of what to say

With a partner, practise the activity called 'Being Ben'. One partner ('Ben') tells the other, in English, what to say. The second partner has to say it in Spanish. The rule is if they can't say it, then it's Ben's fault. You will find that thinking of what to say is the hard part, not the Spanish, and 'Ben' may need to look at the book.

3 Practise the activity 'Being Ben' to answer these questions:
a ¿Los pobres pueden organizarse para mejorar su vida?
b ¿El comercio libre es el secreto para modernizar la economía?
c ¿Tendrían los ricos que comerse el dinero si los pobres no les vendieran la comida?

Meeting the exam criteria

Make sure you don't just concentrate on answering the question. Find out what gets a good mark, and make sure you do it.

4 In groups, practise answering the questions in exercise 3. Each person in the group will evaluate you on the different exam criteria.

1a Imagina las circunstancias de la vida de esta mujer. Escribe apuntes breves sobre su casa, su familia, su trabajo, su educación, sus posesiones, sus intereses, su pasado, su futuro …

1b Haz preguntas a un(a) compañero/a para descubrir lo que él/ella se imaginaba acerca de la foto.

1c ¿Cuál de los siguientes factores crees que ayudarán a garantizar un futuro mejor a esta señora? Discútelo en grupos.

- una cooperativa para vender artesanías
- inversión del gobierno en el sector agrícola
- alfabetización para adultos
- la construcción de autopistas y aeropuertos
- tener muchos hijos
- su país se incorpora a una zona internacional de comercio libre
- un sistema de seguridad social
- una revolución
- emigrar a los Estados Unidos

2a Escucha. ¿Verdadero o falso? Corrige las frases equivocadas.

1 La fortuna personal de Carlos Slim es la tercera más importante en el mundo.
2 La familia de Slim emigró a Estados Unidos.
3 Slim empezó a comprar casas y terrenos.
4 El padre de Slim estaba paralizado.
5 Slim es muy patriota.
6 Slim hizo fortuna en la revolución informática.
7 Los mexicanos utilizan el móvil más que el teléfono fijo.

2b Lee el texto y completa la tabla.

Positivo	Negativo
Ejemplo: 4	

1 Slim es un ejemplo de cómo cualquier mexicano puede superarse.
2 Slim ha explotado la crisis económica para enriquecerse.
3 Slim ha invertido en su propio país para modernizarlo y mejorarlo.
4 Slim ha creado empleo y ha puesto en marcha servicios importantes.
5 En un país con tanta pobreza, es chocante tener tanto dinero.
6 Slim ha establecido varias fundaciones filantrópicas.
7 Slim se ha hecho rico, pero el país no ha cambiado.

2c Escribe 150 palabras para explicar los efectos de la actividad de Slim, tanto los positivos como los negativos. Incluye tus propias conclusiones sobre la riqueza y la pobreza.

4 La energía y la contaminación

Al final de esta unidad, sabrás abordar los siguientes temas:

◆ las causas y las consecuencias de la contaminación en España

◆ los procesos alternativos de generar energía

◆ la relación entre el estilo de vida y el medio ambiente

Sabrás mejor cómo:

◆ utilizar los tiempos verbales

◆ utilizar los negativos

◆ utilizar verbos con cambios de ortografía

◆ traducir un texto del español al inglés

a Capturar la energía que generan los pasajeros del metro. Con un diseño sencillo de tuberías y una bomba, el calor de las estaciones de metro podrá ser transferido directamente a un sistema de calefacción instalado en las oficinas de los edificios del barrio.

b Una alternativa al petróleo: El chocolate. El proceso de fabricación genera cantidades importantes de residuos que, en lugar de tirarse en el vertedero, podrían convertirse en bio-combustible.

c Utiliza micrófonos instalados en las gradas del estadio que absorben energía de los gritos y las canciones de los hinchas. Los impulsos sonoros se convierten en electricidad y suministran luz eléctrica para la iluminación del estadio.

d Los coches son buenos: el sistema consiste en enterrar unos tubos debajo de las calles para absorber el calor de la superficie. El calor del sol y de los coches se transfiere a los apartamentos de esas calles.

1a Lee los textos y haz una lista de vocabulario útil para explicar los procesos de generar energía.

1b Haz una lista de las ventajas y los inconvenientes que puedes prever para cada idea.

1c Escucha y haz otra lista según lo que se dice en la grabación. Compárala con tu lista.

2 Escoge una de las ideas y prepara una presentación para promocionarla. Luego votad para ver quién ha sido más convincente. De las cuatro ideas, sólo tres existen en la realidad.

Puntos negros en el mapa

◆ ¿Quién contamina? ¿Quién sufre las consecuencias?

Incineradoras

Sector químico

Refinerías

Galicia
Asturias
Cantabria
País Vasco
Navarra
La Rioja
Castilla León
Catalunya
Aragón
Madrid
Castilla La Mancha
Valencia
Extremadura
Murcia
Baleares
Andalucía

1 Mira el mapa. ¿Verdadero o falso?

a La industria se concentra principalmente cerca de la costa.

b No hay refinerías en el centro del país.

c Cataluña ha optado por la incineración de la basura.

d En La Rioja y Aragón no hay incineradoras.

e La mayoría de las refinerías están en la costa.

f En La Rioja no hay industrias que emiten productos químicos.

2a Escucha y apunta las siguientes palabras en español:

pollution	tip	toxic waste	pipes
urban waste		crude oil	heavy industry

2b Vuelve a escuchar cada sección, luego apunta lo que recuerdas sobre:

- Huelva
- Cataluña
- La Rioja

2c ¿Cuántas frases negativas puedes escribir sobre La Rioja?

ni … ni …	nadie	ningún	nunca
ni siquiera	tampoco		

Ejemplo: *No hay ni incineradoras ni industria pesada en La Rioja.*

3a Organiza estos datos según hagan referencia a la Contaminación o al Cambio climático.

a La sequía amenaza el desarrollo de la agricultura y del turismo que dependen de la abundancia de agua para regar cultivos y campos de golf.

b La industria española vierte al agua cada año 1.219.709 toneladas de las 44 sustancias más peligrosas.

c La desertificación en África podría llevar a una inmigración masiva hacia España, que a su vez conllevaría importantes cambios sociales y económicos.

d La contaminación atmosférica provoca 16.000 muertes prematuras al año en España, diez veces más que la tasa de mortalidad anual por accidentes de tráfico.

e En España cada vez se registran más incendios forestales.

f Casi 4 millones de trabajadores españoles (el 25,4% del total) están expuestos a sustancias cancerígenas. En la mayoría de los casos se trata de trabajadores vulnerables, de salario bajo y con una formación básica.

g Se estima que 4.000 trabajadores mueren anualmente por exposición a sustancias químicas.

h El nivel del mar en la costa atlántica española sube 3,5 mm por año.

i Especies como el oso, el lince y el lobo se ven amenazadas.

j Las zonas con mayores tasas de enfermedades como el cáncer coinciden con las áreas más industrializadas.

k En España la temperatura media ha subido 1,5 grados en las últimas tres décadas.

l Al menos el 74,3% de los residuos urbanos acaban quemados en incineradoras o enterrados en vertederos.

3b Con un(a) compañero/a, utiliza los datos para debatir cuál es la mayor amenaza para España.

Frases clave

Hay que recordar que …
Hay que tener en cuenta que …
Es escalofriante que … + subjunctive
No creo que … + subjunctive
¿Cómo es posible que …? + subjunctive
Lo más chocante es que … + subjunctive
¿No te importa que …? + subjunctive
¿Te das cuenta de que …?
¿Sabías que …?

4 Escribe un resumen de la información en estas páginas para alertar a la población sobre las amenazas al medio ambiente en España.

- industria
- basura
- enfermedades
- naturaleza
- cambio climático
- economía

Alternativas

◆ *¿Hay una solución? ¿O varias?*

Energía Solar

1a Lorem ipsum dolor sit amet, consectetuer adipiscing elit, sed diam nonummy nibh euismod tincidunt ut laoreet

2a Es un recurso natural, que no produce gases invernadero ni emisiones tóxicas. Requiere una inversión grande y un periodo largo para amortizar el gasto inicial. La tecnología actual depende de materiales que son difíciles y caros de obtener en grandes cantidades.

3a En 2010, España espera producir el 15% de la electricidad nacional (o sea 2,1 GW) de esta forma. A escala internacional, ya es el segundo país más importante, después de Alemania.

Energía Nuclear

1b Funciona con una turbina o un aerogenerador para convertir el movimiento de las hélices en corriente eléctrica.

2b Recupera la energía empleada en su fabricación en menos de seis meses. No necesita combustible, ni genera gases invernadero. Tiene un gran impacto paisajístico y puede matar a algunas aves.

3b Ut wisi enim ad minim veniam, quis nostrud exerci tation ullamcorper suscipit lobortis nisl ut aliquip ex ea commodo consequat. Duis autem vel eum iriure quis.

Energía Eólica

1c Funciona mediante paneles fotovoltaicos que aprovechan la tecnología de los semiconductores para generar electricidad.

2c Duis autem vel eum iriure dolor in hendrerit in vulputat velit esse molestie consequat, vel illum dolore eu feugiat nulla facilisis at vero eros et accumsan et iusto odio sint

3c Se podría pensar que por su situación geográfica sería lógico explotar este recurso en España. Pero apenas se empieza a desarrollar este sector ahora. De hecho desde 2006, las casas nuevas tienen que incorporar paneles para calentar agua, y en los edificios grandes se exige que haya paneles fotovoltaicos.

1a Lee y pon los textos en la columna correcta.

1b Escucha y verifica. También apunta la información adicional que refiere a las 'plantas'.

2 Escucha y toma apuntes para completar la información que falta:

- ¿Cómo funciona?
- ¿Ventajas e inconvenientes?
- ¿España?

3a Compara los dos textos. Identifica ejemplos de:

- diferencias en el orden de las palabras
- dificultades con el lenguaje técnico

> La primera planta europea de concentración de la energía solar se ha inaugurado en Sanlúcar, cerca de la ciudad de Sevilla, en el sur de España. El proyecto genera electricidad mediante 624 helióstatos. La superficie de cada uno mide 120 metros cuadrados y concentra los rayos del sol sobre lo alto de una torre de 115 metros, donde se sitúa un receptor que consiste en una serie de paneles de tubos que operan a muy alta temperatura y por los que circula agua a presión. El vapor que se produce en ellos es enviado a una turbina de vapor para generar electricidad.

> Europe's first commercial concentration solar power station has been opened at Sanlúcar near the sunny southern Spanish city of Seville. The project produces electricity with 624 large movable mirrors called heliostats.

3b Completa la traducción al inglés.

4 ¿Cuál es tu opinión sobre la planta de Sanlúcar?

| la idea | la tecnología | su tamaño |
| el coste | su potencial | |

Frases clave

Yo diría que …

Lo que pasa es que …

Creo que …

No creo que … + subjunctive

Es increíble que … + subjunctive

5 Completa la frase con la forma correcta del verbo:

a La energía solar (poder) reducir las emisiones.

b La energía del viento se (convertir) en electricidad.

c Los paneles (calentar) el agua.

d Los expertos (decir) que es una fuente de energía limpia.

e Apenas (empezar) a desarrollar la tecnología.

La ley de la demanda

◆ *¿Es sostenible nuestro estilo de vida?*

¿El lujo es pecado?

Trabajar con chaqueta en agosto, ir de manga corta al cine en enero … ¿es el nivel de confort que exigimos o es un derroche de energía que contribuye muy poco a nuestra calidad de vida? El calentamiento global significa que no debemos seguir abusando de la calefacción o del aire acondicionado en oficinas y lugares públicos.

Somos lo suficientemente ricos como para costearnos el lujo, pero hacemos caso omiso del precio real: la salud del planeta. ¿Más ejemplos de esta locura? Vivir en Barcelona e ir a trabajar a Londres. Hay quien lo hace a diario, gracias a los vuelos 'baratos' de Vueling y otras líneas aéreas que han surgido para satisfacer la 'demanda' de quiénes se empeñan en perseguir un estilo de vida cada vez más ridículo. Otros ejemplos son los coches todoterreno o los deportivos, que transportan cómodamente a una sola persona a paso de tortuga por las calles

de una ciudad atascada; las tarifas de la luz que dan descuentos a quien más consuma; y los expertos que nos aseguran que no nos tenemos que preocupar porque llegará un momento en que el desarrollo económico pos-industrial traiga a una economía más limpia.

Pero hay señales de que este tren de vida está tocando a su fin, y no porque nos hayamos concienciado de los peligros que entraña, sino como resultado del desplome del auge económico.

Las primeras víctimas de la desaceleración son los vehículos todoterreno. Son uno de los símbolos de la prosperidad económica de los últimos años, pero las ventas están cayendo de forma contundente. En lo que va de año, los precios han bajado un 28%. La crisis del consumo, la menor renta de las familias y el nuevo impuesto que penaliza a los vehículos más contaminantes son los factores determinantes.

1a Lee y busca en el texto las palabras que significan:

> waste   we ignore   nose-dive   boom
> lower income   tax

1b Lee y busca sinónimos de:

> comodidad   pérdida   continuar
> climatización   tontería   electricidad
> rebajas

1c Lee. ¿Verdadero o falso?

   a Dice que hace frío en España en verano.

   b Dice que el aire acondicionado combate el calentamiento global.

   c El coste real no es sólo económico.

   d Hay gente que hace el viaje de Barcelona a Londres en avión todos los días.

   e Los coches todoterreno van menos rápido.

1d Lee y contesta en español.

   a Explica la importancia de los ejemplos "Trabajar con chaqueta en agosto, ir de manga corta al cine en enero".

   b Explica la ironía de los todoterreno y los coches deportivos.

   c ¿Cuál es el problema con los precios de la electricidad?

   d Explica por qué han bajado las ventas de los vehículos todoterreno.

2a   Escucha a Loís, Jesús y Ana. ¿Quién dice …?

   1 La prosperidad tiene un impacto negativo sobre el medio ambiente.

   2 Cuidar el medio ambiente es un lujo que sólo puede darse una economía próspera.

   3 Al querer consumir más, destruimos el medio ambiente.

   4 Depende de tu filosofía y estilo de vida.

   5 La riqueza no tiene tanto impacto como nuestras ambiciones.

   6 Los avances tecnológicos pueden conseguir reducir el impacto medioambiental.

2b Con un(a) compañero/a, debate la pregunta, "¿La economía es el enemigo del medio ambiente?"

> Este es el dilema del gobierno: ¿Actuar para frenar las emisiones, o fomentar la estabilidad económica y el empleo? En el protocolo de Kioto, los países se <u>comprometieron</u> a limitar el aumento de los gases invernadero al 15% de su nivel en 1990. Actualmente, las emisiones <u>han incrementado</u> en un 52%. De no hacer nada, dentro de cuatro años España <u>emitirá</u> un 50% más que en 1990. ¿Existe alguna forma de reconciliar el conflicto de prioridades? Se <u>ha propuesto</u> que España compre las cuotas de emisión a otros países, de forma que <u>podría</u> seguir contaminando, pero a un precio de más de 3.000 millones de euros.

3 Identifica los tiempos de los verbos subrayados. Explica en inglés la formación y el uso de los tiempos.

4a Traduce el texto al inglés.

4b ¿Cuáles de estos problemas surgieron?

- el orden de las palabras
- frases con preposiciones
- nombres propios
- lenguaje técnico
- frases idiomáticas
- verbos reflexivos

5 Mira los dibujos. Discute con un(a) compañero/a:

a Cuál es la diferencia entre los dos deseos.

b En el mundo real, ¿quién tiene el deseo más difícil de realizar? ¿Por qué?

c ¿Con cuál de los dos estás de acuerdo?

d ¿Tenemos que escoger entre riqueza y medio ambiente?

Quiero coches, petróleo, dinero …

Quiero proteger el medio ambiente.

¡Atención, examen!

The main tenses of verbs

A Make yourself a flow chart for the verbs *hablar*, *comer*, and *vivir*.

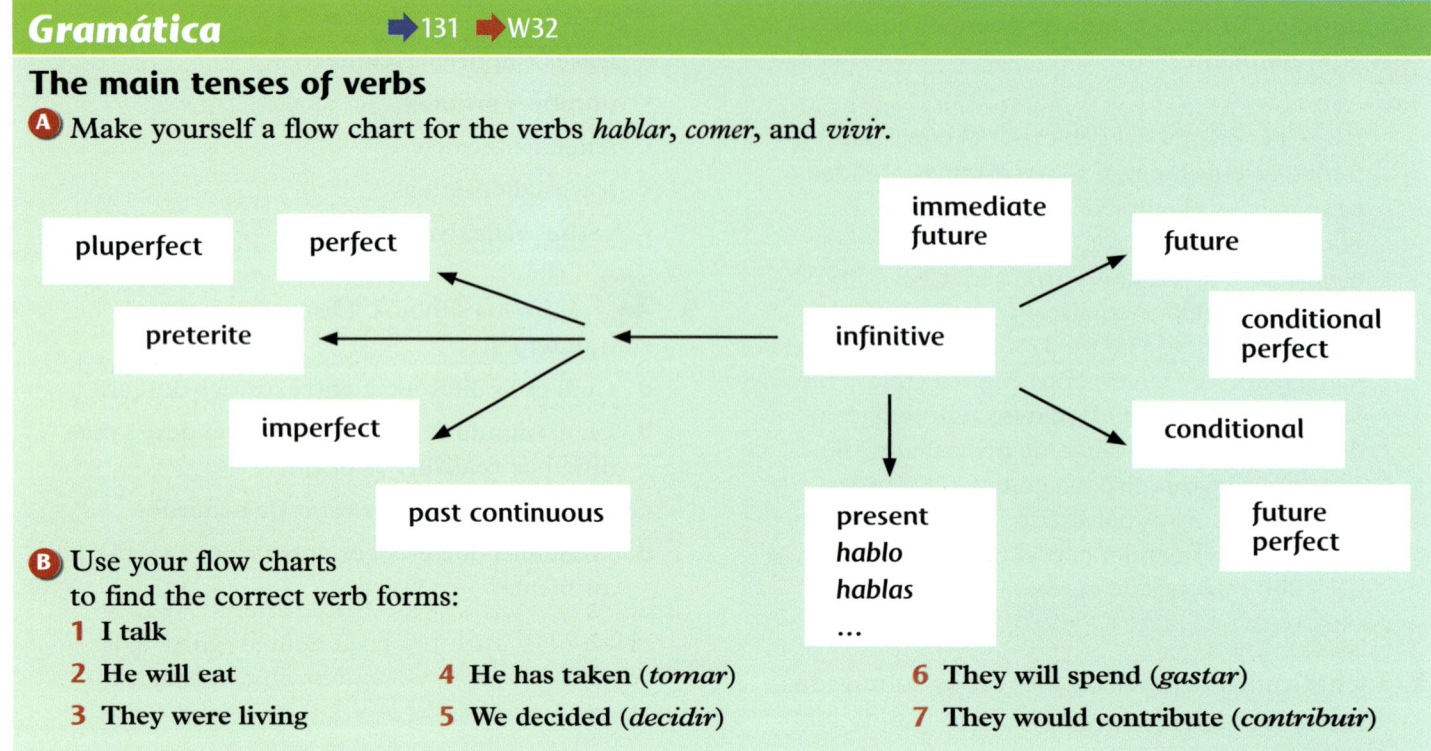

B Use your flow charts to find the correct verb forms:

1 I talk

2 He will eat

3 They were living

4 He has taken (*tomar*)

5 We decided (*decidir*)

6 They will spend (*gastar*)

7 They would contribute (*contribuir*)

Radical-changing verbs

● Revise the rules for radical-changing verbs in the present and the small number of verbs which have a radical change in the preterite.

C What is the infinitive of the underlined verbs? Which are not radical changing?

> La cantidad de residuos que la industria <u>vierte</u> al mar <u>depende</u> de cuánto <u>invierte</u> en nuevas tecnologías. Los residuos se <u>convierten</u> en bio-combustibles o se <u>desechan</u> de forma eficiente.
>
> Los cambios <u>requirieron</u> incentivos por parte del gobierno, pero algunos <u>siguieron</u> contaminando.
>
> <u>Pensamos</u> que el planeta <u>empieza</u> a sentir los efectos de nuestros excesos y se <u>calienta</u> poco a poco pero de forma inevitable.

D Translate into Spanish:

1 He died from contact with toxic waste.

2 They want to change the law.

3 They say it is a scandal.

4 Companies just move their operations abroad.

5 They can avoid the ecological constraints.

Spelling change verbs

● There are verbs which sound completely regular, but where you need to pay attention to spelling changes.

E Give the infinitive of each of these underlined verbs and explain why the spelling has had to change.

1 Es importante que los responsables <u>paguen</u> el coste real de su contaminación.

2 El gobierno requiere que <u>averigüen</u> su nivel de consumo de energía.

3 No es justo que <u>sacrifiquemos</u> nuestro estilo de vida.

4 No <u>creyeron</u> que fuera perjudicial para el medio ambiente.

5 <u>Construyeron</u> en una zona protegida.

Técnica

Translating from Spanish to English

When translating, you need to maintain a balance between carefully conveying the original Spanish, and ensuring it makes sense in good English.

Remember, word for word translation rarely works.

Try to:

- maintain the unity of the original text
- match the style of presentation
- imitate the register of language
- make sure the final translation flows as a whole.

◆ Do focus on the whole sentence, not individual words:

No hay que dar vueltas al asunto. Todos tenemos que ponernos a buscar una solución.

◆ Don't gloss over shades and nuances of individual words:

Su contribución es importantísima. Sufrió unos 500 incendios forestales.

◆ Do pay attention to the value of 'little' words:

¿De qué te quejas? Lo hicimos sin que se dieran cuenta de qué pasaba.

◆ Don't translate them literally:

De no hacer nada, terminaremos por destruir el planeta.

◆ Do respect verb tenses:

El gobierno requirió mejoras.

◆ Do take care with sequencing tenses that do not always follow a similar pattern in English as they do in Spanish.

Hace varios años que esto viene desarrollándose.

◆ Don't write nonsense when Spanish works in a different way to English:

La nueva planta se ha inaugurado. Genera electricidad desde hace tres meses.

◆ Do make use of cognates or knowledge of word families:

La energía solar ofrece una solución alternativa.

◆ Don't use a cognate when it's not the word you would use in English:

El incremento de los gases invernadero amenaza el planeta.

◆ Do watch out for concepts that can't be translated or technical terms which may need explaining:

El Anfac ha pedido que el gobierno retome el plan Prever.

1 Look back over all the examples above and translate them into natural English.

2 Here are some examples of 'false friends' or tricky words. Translate them, then add as many more to your list as you can remember. As a whole class, compile a list and learn them by heart!

> comprensivo   actual   asisitir a   particular
> la crítica   consciente   sensible

3 Learn to identify endings of Spanish words which have a similar ending in English. For example: *-ción-sión* is similar to the English '-tion/-sion'.

estación – station   *extensión* – extension

Now find examples for the following in Spanish and write down the equivalents in English.

-dad   *-mente*   *-aje*   *-ancia*
-encia   *-ería*   *-aria*   *-or*

4 Translate the text below into English. Look out for examples of the above.

> La futura instalación del primer parque eólico en la sierra de Javalambre no ha sido bien recibida por todos. Mientras que los ayuntamientos de los tres pueblos afectados se muestran satisfechos con estas instalaciones energéticas, los ecologistas han mostrado su rechazo por considerar que tienen un "fuerte impacto paisajístico". Aun defendiendo el sistema para la producción de energía, los ecologistas piensan que "se debería usar más el sentido común a la hora de aprobar la instalación de los aerogeneradores, que comienzan a proliferar excesivamente".

1a Escucha. Esta advertencia es una broma. ¿Puedes identificar la sustancia peligrosa?

1b Escucha otra vez y toma apuntes. Luego elabora un folleto o una página web para advertir de los peligros de la sustancia.

- dónde se encuentra
- los peligros para el medio ambiente
- los riesgos para el ser humano

2a Lee. ¿Qué consideras más importante? Pon por orden de gravedad los efectos de los aerogeneradores.

> Se supone que la energía eólica es una energía limpia. Sin embargo, las instalaciones no son del todo inocuas, en particular para el medio natural y el paisaje. Pueden tener un impacto significativo.
>
> **Fase de construcción:**
> El movimiento de maquinaria, que requiere la construcción de nuevos caminos, puede ocasionar la destrucción de la cubierta vegetal, activar procesos erosivos, la compactación del terreno, emisiones de gases, molestias a los animales …
>
> **Fase de explotación:**
> Además del impacto visual, los aerogeneradores emiten ruido y pueden provocar colisiones con aves. Cabe la posibilidad de pérdidas de aceite de los engranajes, sobre todo a la hora de cambiar el aceite.
>
> **Fase de abandono:**
> Al terminar su vida útil, los aerogeneradores causan otra vez un efecto negativo sobre el paisaje.

2b Justifica tu lista a un(a) compañero/a y discute si hay más inconvenientes que ventajas.

3 Traduce al inglés:

> Los neumáticos, amontonados en grandes cantidades en los vertederos, tienen un impacto negativo sobre el medio ambiente. Además de malgastar la energía y los materiales utilizados en su producción, contribuyen a la expansión de enfermedades, al servir de refugio a insectos, y constituyen un riesgo grave de ocasionar fuegos tóxicos. Una idea es enviar los neumáticos desechados a industrias que utilizan grandes hornos para producir la energía que necesitan, como las cementeras o papeleras, donde los neumáticos pueden reemplazar el uso de combustibles contaminantes como el carbón.

Al contrastar las listas de las causas principales de muerte de América Latina y de Estados Unidos, los resultados son idénticos pero a la inversa. Las enfermedades intestinales transmisibles encabezan la lista en América Latina, seguidas por accidentes o muerte violenta. El cáncer y el infarto se relegan al tercer y al cuarto puesto. Todo lo contrario en el país norteño: Las enfermedades cardíacas y el cáncer son los responsables de la mayoría de las muertes; la violencia casi no figura, y la diarrea simplemente da lugar a chistes de mal gusto.

En los países menos desarrollados la diarrea no tiene nada de risible, porque las infecciones transmisibles por el agua matan cada año a millones, sobre todo entre los más jóvenes. El Banco Mundial ha reconocido el problema de la falta de acceso a agua limpia y ha animado a los gobiernos a otorgar la responsabilidad de la suministración del líquido vital a empresas privadas para que inviertan en la infraestructura requerida.

Empresas estadounidenses, francesas y británicas intervinieron en países como Bolivia y Argentina pero encontraron que aunque hay mucho trabajo que hacer, es difícil que los más pobres paguen la conexión al sistema, o que se permitan consumir el producto en grandes cantidades.

1a Lee el texto y decide si las siguientes frases son verdaderas (V), falsas (F) o si no se mencionan (NM).

1 En América Latina las principales causas de muerte son evitables.

2 En América Latina las infecciones intestinales no son graciosas.

3 El Banco Mundial pide permiso a los gobiernos para instalar la infraestructura necesaria.

4 Las empresas a las que dieron las concesiones son extranjeras.

5 Es difícil sacar ganancias de los pobres.

1b Completa las siguientes frases con tus propias palabras según las ideas del texto.

1 Las causas de muerte en América Latina y en Estados Unidos son …

2 La diarrea en Estados Unidos se reduce a …

3 En América Latina la diarrea …

4 Los que más sufren son …

5 El Banco Mundial quiere que los gobiernos …

6 El resultado de involucrar a empresas extranjeras ha sido …

2 Escucha a las personas 1–3. Decide a cuál corresponden las siguientes ideas.

Ejemplo: a = 2

a Se invierte para luego sacar beneficios financieros.

b Activa la economía local.

c La falta de agua afecta las oportunidades de mejorarse.

d Tiene en cuenta las necesidades de la población.

e Si cuesta demasiado, los pobres no toman el agua del sistema.

f La inversión es insuficiente.

g Puede causar protestas violentas.

h Puede superar problemas posteriores después de la inversión inicial.

i Beneficia al centro, pero no a la periferia.

3 Escribe 100 palabras para explicar por qué la distribución del agua en poblaciones remotas requiere una solución local.

- el gobierno – falta de dinero – injusticia
- la inversión privada – ganancias
- una solución local – flexibilidad – empleo – sostenible

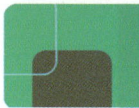

4 Sabes identificar estos tipos de energía. Localízalos en las ilustraciones y luego clasifícalos según sean energías renovables o energías no renovables.

a solar	**e** de petróleo
b de gas natural	**f** nuclear
c de carbón	**g** eólica
d hidroeléctrica	**h** mareomotriz

5a Traduce al inglés este artículo sobre la energía.

CONSUMO Y ABASTECIMIENTO ENERGÉTICO

A medida que una sociedad se desarrolla, aumenta el consumo de energía pero, por desgracia, no siempre lo hace de un modo eficiente. Sin duda la eficiencia energética produce un aumento de la calidad de vida, y con un uso eficiente y más responsable de la energía podemos disponer de mayor confort y más prestaciones de servicios sin consumir más energía. Además, de este modo nos hacemos menos vulnerables ante posibles crisis de suministro, puesto que la energía es el motor que hace funcionar el mundo. Sin energía no nos sería posible ver la televisión, ni desplazarnos en coches o autobuses, no tendríamos ni iluminación ni calefacción en nuestras casas. Damos su uso por sentado y sólo nos preocupamos de la energía cuando escasea.

5b Ahora traduce el resto al español.

We can group the so-called sources of energy into two groups: renewable energy and non-renewable energy.

Renewable energies are inexhaustible and have no environmental impact in that they do not emit harmful greenhouse gases.

The non-renewable energies are those with limited reserves and so they diminish as we consume them. As reserves decrease, extraction becomes more difficult, thus increasing the cost.

It is unavoidable that if we maintain the current level of consumption, the non-renewable energies will no longer be available, either because they are exhausted or because extraction will no longer be affordable.

6 Escucha este artículo sobre el uso de energía en el hogar.

- ¿De qué se trata?
- ¿Te sorprende el porcentaje de energía desperdiciada de este modo? ¿Por qué (no) te sorprende?
- ¿Te supondría un inconveniente el cambio que se menciona?
- ¿Se te ocurren otros cambios que los gobiernos deberían introducir?

S.O.S. ¡Protejamos nuestro planeta!

Al final de esta unidad, sabrás abordar los siguientes temas:

- la necesidad de reciclar
- el impacto de medios de transporte en el entorno
- la conservación del mundo natural
- la sostenibilidad del planeta

Sabrás mejor cómo:

- utilizar el imperativo y el presente del subjuntivo
- usar verbos seguidos de infinitivo o preposición
- utilizar el verbo 'tener' pertinentemente
- escuchar el sentido general e identificar detalles

1a Empareja estas ideas con el tema al que hacen referencia.

1 Los bosques

2 El clima

3 La agricultura

4 La contaminación

5 Los residuos

6 La población

a La aparición de productos transgénicos (modificados genéticamente) supone una seria amenaza para la salud y el equilibrio ambiental.

b Al reducirse el índice de mortalidad, en los últimos 50 años se ha producido un crecimiento demográfico sin precedentes.

c Los expertos anticipan que de aquí a 2100 la temperatura podría subir hasta seis grados.

d Por cada tonelada de basura que se genera al final de la cadena de producción, se crean cinco durante el proceso de fabricación.

e Desde la Revolución Industrial, el hombre ha puesto en el medio ambiente más de 100.000 sustancias químicas sintéticas.

f La actividad humana provoca cada año la deforestación de 13 millones de hectáreas.

1b ¿Cuál de los temas mencionados en el ejercicio 1a te preocupa más? ¿Por qué?

2a ¿Crees que las generaciones futuras deberán marcharse a otros planetas o a estaciones espaciales por la mala calidad de vida en la Tierra? Debate con un(a) compañero/a.

Si continuamos comportándonos como hasta ahora …
Si los gobiernos …
Si los científicos …
Si la población …
Cuando la contaminación …

(No) será necesario que …
Espero que …
(No) dudo que …

2b Ahora escucha la respuesta de este joven y contesta a las preguntas:

- **a** ¿Es pesimista u optimista?
- **b** ¿Qué ejemplos del pasado da el joven para justificar su punto de vista?
- **c** ¿Cuál cree que va a ser la solución?
- **d** ¿Qué nos recomienda?
- **e** ¿Compartes su opinión?

¡Pon tu granito de arena!

◆ *Para un futuro mejor basta con recordar tres erres: reutiliza, reduce, recicla.*

1a Mira la foto y discute con un(a) compañero/a lo que ves. ¿Qué crees que es? ¿Cuál crees que es su propósito?

1b Ahora escucha la lectura del artículo y contesta a las preguntas.

1 ¿Cuántas esculturas fueron trasladadas a Barcelona?

2 ¿Qué las caracteriza?

3 ¿Qué finalidad tiene la exhibición?

4 ¿Cuál es el objetivo del artista?

5 ¿Por qué dice el artista que su obra es un reflejo de nosotros mismos?

1c Debate de clase: ¿Estás de acuerdo con Schult y crees que la cantidad de basura que producimos en nuestra sociedad es un problema? ¿Piensas que su enfoque es … efectivo? práctico? verde? … etc.

Gramática → 137 → W60

Imperative

● Remember: The imperative form of a verb is used to tell someone to do or not to do something. It only exists for *tú, usted, nosotros, vosotros* and *ustedes*.

	-AR	-ER	-IR
Tú	recicl**a** no recicl**es**	beb**e** no beb**as**	viv**e** no viv**as**
Ud.	(no) recicl**e**	(no) beb**a**	(no) viv**a**
Nosotros	(no) recicl**emos**	(no) beb**amos**	(no) viv**amos**
Vosotros	recicl**ad** no recicl**éis**	beb**ed** no beb**áis**	viv**id** no viv**áis**
Uds.	(no) recicl**en**	(no) beb**an**	(no) viv**an**

● Positive commands: **Tú** and **Vosotros**
Tú: Take the present tense and drop the final **S**.
Vosotros: Take the infinitive and replace the final **R** with a **D**.
All others are the same as the present subjunctive.

A Work out these imperatives. Remember to watch out for:

● spelling changes: *c– qu – tocar – ¡no toques!*

● radical-changing verbs: *volver – ¡vuelve!*

● irregular verbs: *poner, ser, tener … etc.*

● object pronouns: *¡Tráemelo! – ¡No me lo traigas!*

1 Tú (tirar)	5 Uds. (reducir)
2 Vosotros (no desperdiciar)	6 Tú (no poner)
3 Nosotros (utilizar)	7 Ud. (resolver)
4 Ud. (no destruir)	8 Nosotros (ser)

B Translate these sentences:

1 Recycle paper! (*tú, reciclar*)

2 Let's use less water! (*nosotros, utilizar*)

3 Maximise the use of resources! (*Uds., aprovechar*)

4 Don't throw away the cans! (*vosotros, tirar*)

5 Sort out your rubbish! (*Ud., seleccionar*)

6 Let's be conscious! (*nosotros, ser*)

C Read the advertisement *Separar para reciclar* on page 51 and identify the verbs in the imperative mood.

cómo separar bien

EN EL CONTENEDOR AMARILLO:

LECHE · ZUMO

BRICKS

NARANJA · AGUA · LEJIA

ENVASES DE PLÁSTICO

MEJILLONES · FRESCO · ATÚN

LATAS

Separar para reciclar

Reciclar es responsabilidad de todos porque separando las basuras se recuperan materias primas que de otra forma irían a un vertedero, se ahorra energía y se evita la degradación del medio ambiente. También se gana en bienestar, porque tu ayuda contribuye a la conservación y mejora del entorno.

Deposita en el contenedor amarillo envases de plástico, latas y envases tipo brick, pero no introduzcas papel, cartón, restos de comida, vidrio ni ropa porque echas a perder el esfuerzo de todos.

Mete los envases de vidrio, como botellas de champán y botes de conserva, en el contenedor verde.

Asegúrate de que pones los cartones, papeles, revistas y periódicos en el contenedor azul.

Deposita los desechos orgánicos, como restos de comida, en el contenedor provisto.

El reciclado es un sistema que precisa de una colaboración ciudadana continua para preservar el medio ambiente. ¡Colabora!

Si tienes alguna duda consulta con tu ayuntamiento o en www.ecomebes.com.

3a 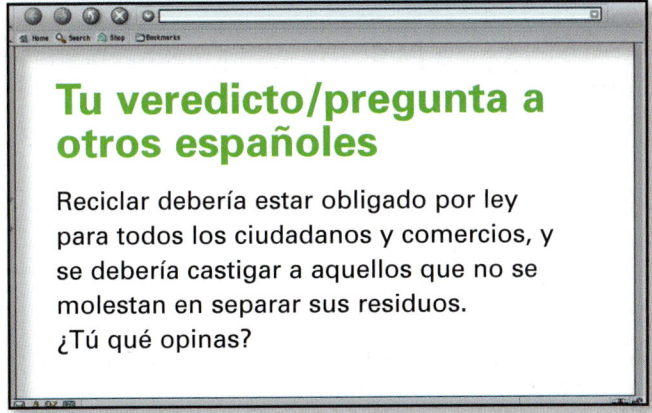 Escucha a este ama de casa. Anota tres de sus quejas y tres de sus dudas.

3b Escucha otra vez. ¿Qué dice el ama de casa sobre …?

a la gente de hoy

b el tiempo

c su cocina

d las buenas intenciones

e las generaciones venideras

Tu veredicto/pregunta a otros españoles

Reciclar debería estar obligado por ley para todos los ciudadanos y comercios, y se debería castigar a aquellos que no se molestan en separar sus residuos.
¿Tú qué opinas?

4 Lee la pregunta que se propone en este foro de Internet y prepara una respuesta escrita. Debes incluir:

- introducción: El tema del reciclaje es un tema …
- razones a favor: Es imprescindible que reciclemos porque …
- razones en contra: Lo difícil es …
- ejemplos: En los últimos años/las familias numerosas/las empresas grandes …
- conclusión: Teniendo en cuenta todos los hechos …

2 Lee el anuncio. Y tú, ¿reciclas?, ¿qué reciclas?, ¿porqué (no) reciclas? ¿Crees que es importante reciclar?

Transporte razonable

◆ *¿Cuál es el precio real que pagamos por la rapidez y comodidad de nuestros recorridos*

1 Contesta a las preguntas. Compara tus respuestas con las de tus compañeros/as.

1 ¿Cuántas veces a la semana usas el coche?

2 ¿Para qué?

3 ¿Qué distancia recorres?

4 ¿Qué otros medios de transporte usas?

2a Escucha la conversación entre un señor y su esposa. ¿Cuáles son sus quejas acerca de …?

- el tráfico de hoy
- el tren
- el metro
- el autobús

2b Escucha de nuevo. ¿Qué proponen para abordar los problemas del ejercicio 2a? En tu opinión, ¿son ideas sensatas? Explica por qué.

3a Discute con un(a) compañero/a:

1 Los problemas de transporte en tu barrio.

2 El efecto que tienen en la gente que vive allí.

3 Las soluciones que propones.

3b En parejas discutid y planead el sistema de transporte ideal. Preparad una presentación para explicar los problemas actuales y las soluciones que proponéis.

Frases clave

Hay que …

Se debe …

Es necesario … + infinitive

Es imperativo …

Se tiene que …

Gramática ➡136 ➡W53

Present subjuntive

● Remember that the use of the subjunctive mood is very common in Spanish. It is found primarily – although not always – in dependent clauses (not the main verb) and generally expresses likes, dislikes, regret, fear, preference, doubt, probability, purpose, value judgements and influences or conditions on people's actions.

● To form it use the stem of the first person singular of the present indicative and the endings below:

> -AR: camin**e**, camin**es**, camin**e**, camin**emos**, camin**éis**, camin**en**
>
> -ER/IR: sub**a**, sub**as**, sub**a**, sub**amos**, sub**áis**, sub**an**

A Escribe frases completas para acompañar las señales. Debes utilizar las frases clave.

08:00 – 13:00
17:00 – 21:00

Frases clave

Es imprescindible que …

No creo que …

Es poco probable que …

Es hora de que …

Basta con que …

Es necesario que …

Es imposible que …

Con tal de que …

A menos que …

Dudamos de que …

4a Lee el texto y comenta tu reacción con tus compañeros:

- (No) me sorprende que …
- (No) me horroriza que …
- (No) me asombra que …
- (No) me choca que …

¿Sabías que …?

- Más del 75% de los desplazamientos urbanos se realizan en vehículos privados con un solo ocupante.
- En la ciudad el 50% de los viajes en coche son para recorrer menos de 3 km. En el 10% de los casos se usa para recorrer menos de 500 metros.
- En España el transporte es el responsable de más del 30% de las emisiones totales de CO_2.
- La conducción eficiente permite conseguir un ahorro medio del 15% de carburante y de emisiones de CO_2.
- La utilización del aire acondicionado en los vehículos incrementa el consumo de CO_2 en un 25%, y una falta de presión de 0.3 bares en los neumáticos lo aumenta en un 3%.
- Un solo coche viajando a 4.000 rpm hace el mismo ruido que 32 coches yendo a 2.000 rpm.

4b Juego de rol: Es evidente que los jóvenes en la ilustración no son muy conscientes del impacto que tiene su actividad sobre el medio ambiente. Utiliza la información de las afirmaciones para intentar concienciarlos.

5a Haz una lista de las ventajas y desventajas de viajar en tren y en avión.

5b Lee el artículo. Desde el punto de vista ecológico, ¿por qué crees que el AVE no tiene las ventajas del ferrocarril tradicional?

De Madrid a cualquier parte
¿Cuánto más rápido mejor?

El tren ha sido tradicionalmente uno de los medios de transporte más apoyados por aquellos que se preocupan por el entorno. Esto es debido a su mayor eficiencia energética, menor dependencia del petróleo, menor contaminación atmosférica, menor ruido, menor impacto paisajístico y a la baja ocupación del terreno ya que dos vías ferroviarias poseen tanta capacidad de transporte de personas como 16 carriles de autopista.

Pero en la lucha por competir con los bajos precios de las aerolíneas, que ofrecen mayor comodidad y una rapidez similar, el tren de alta velocidad ha dejado de ofrecer las ventajas de los ferrocarriles tradicionales y ha propiciado protestas por parte de todos los grupos ecologistas y aquellos interesados en la preservación del medio ambiente.

6a Escucha este reportaje y contesta a las preguntas.

1 ¿A qué comunidades autónomas llega el AVE?
2 ¿A qué velocidad viaja?
3 ¿Cuánta energía usa?

6b Escucha otra vez y anota las desventajas que se mencionan.

7 Imagina que eres el propietario de una finca por la que va a pasar el AVE. Escribe una carta al director de RENFE exponiendo tus preocupaciones:

Muy Sr. Mío,	A la espera de …
Le escribo para …	Muy cordialmente …
Me preocupa que …	

Un mundo sostenible

◆ *Para acabar con el deterioro de nuestro planeta es necesario mirar más allá de nuestras fronteras.*

"*Convertid un árbol en leña y podrá arder para vosotros; pero ya no producirá flores ni frutos.*" Rabindranath Tagore

"*Algún día el árbol que has tronchado te hará falta para respirar.*" Iris M. Landrón

"*Produce una inmensa tristeza pensar que la naturaleza habla mientras el género humano no escucha.*" Victor Hugo

1 Lee estas citas eco-poéticas. ¿A qué se refieren? ¿Cuál era la intención de los poetas?

2 Escucha el informativo verde y anota el país/la región, el problema y otro dato más.

3a Lee el artículo abajo y contesta a las preguntas.

1 ¿Qué problema destaca el texto?

2 ¿Cuántas personas viven con ingresos inferiores a 1 euro diario?

3 ¿A qué se debe el incremento desmesurado de la población? Menciona dos razones.

4 ¿Por qué es significativo el año 2070?

3b Debate con tus compañeros/as tus respuestas a las preguntas presentadas en el artículo.

Frases clave

A mi parecer …
A mi modo de ver las cosas …
Bajo mi punto de vista …
A mi juicio …

4 Lee el artículo sobre Cuba en la página 55 y completa el texto con la palabra más adecuada. Justifica tu elección en cada ocasión:

condición   sostenibilidad   cada   tener
sistema   todos   fórmula   calidad   estado
consigan   haber   supervivencia   delantera
consiguen   buena

¿Cómo cabremos todos en el planeta?

Actualmente en la Tierra viven 6.000 millones de habitantes y el crecimiento demográfico experimentado no tiene precedentes.

A lo largo de la historia los índices de natalidad y mortalidad han subido poco a poco pero últimamente han crecido de forma alarmante: la población mundial se ha duplicado en los últimos 50 años. No obstante, una quinta parte del total dispone de menos de un euro al día para vivir, de tal forma que la mayoría no logra sino malvivir.

Pese a que en los países desarrollados existe una tendencia a tener familias más pequeñas, en el mundo hay todavía 350 millones de parejas que no tienen acceso a ningún método de planificación familiar. Además, el aumento de la esperanza de vida a medida que los países se desarrollan está provocando el envejecimiento de la población.

Un estudio reciente establece que la población mundial alcanzará en 2070 la cifra de 9.500 millones de personas, para luego descender ligeramente. Por consiguiente, hay muchas preguntas que nos vienen de inmediato a la mente. ¿Cómo cabremos todos en el planeta? ¿Será sostenible nuestra actividad? ¿Habrá recursos para todos? ¿Cuál es la solución?

WWF publica un informe (1) …… dos años sobre el (2) …… de nuestro planeta. Hay una (3) …… bastante clara para establecer la (4) …… del mismo.

Cuba les lleva la (5) …… a otros países porque parece (6) …… encontrado un equilibrio entre la (7) …… de vida y su 'huella ecológica', pero parece triste que los países más desarrollados no (8) …… el mismo resultado.

Cuba, el único país con desarrollo sostenible

Según el informe bianual de WWF, si las cosas continúan como en la actualidad, en unos 50 años la humanidad necesitará el doble de recursos naturales y energía de lo que proporciona nuestro planeta.

La sostenibilidad del planeta se evalúa empleando dos variables: 'la huella ecológica', que mide los recursos y la energía per cápita, y el índice de desarrollo humano, establecido por la ONU.

En los países sumidos en la pobreza, la 'huella ecológica' de los habitantes es mucho menor de lo que nuestro planeta puede sostener, pero la calidad de vida está también muy por debajo de los umbrales que establece la ONU. A medida que estos países se van desarrollando, su impacto ecológico aumenta hasta alcanzar niveles insostenibles.

Sorprendentemente, el único país que encuentra un equilibrio es Cuba, donde hay un buen nivel de desarrollo gracias a una esperanza de vida bastante alta y a un alto nivel de alfabetización, pero al mismo tiempo su 'huella ecológica' no es excesiva, al ser un país con bajo consumo de energía.

5a Lee esta definición y explica con tus propias palabras lo que significa.

> Desarrollo sostenible es el desarrollo que satisface las necesidades del presente sin poner en peligro la capacidad de las generaciones futuras para atender a sus propias necesidades.

5b Reflexiona sobre cómo ponemos en peligro la capacidad de las generaciones futuras para atender a sus propias necesidades y discute tus ejemplos con tus compañeros/as. Puedes considerar los temas del ejercicio 1a en la página 49.

6 Escucha esta entrevista con un voluntario de la ONG (Organización No Gubernamental) Jóvenes Verdes. Toma notas sobre:
- descripción y objetivos
- campo en el que trabaja
- proyectos
- origen de la financiación
- a dónde va el dinero

Contra el cambio climático: yo soy la solución

En respuesta al calentamiento global, la fundación Tierra, con el apoyo de la Generalitat de Cataluña, ha diseñado una campaña de comunicación para animar a los ciudadanos a hacer gestos desde sus casas que contribuyan a la sostenibilidad.

Uno de los proyectos de esta campaña es la compilación de un mosáico de 10.000 imágenes, proporcionadas por el público, mostrando comportamientos cotidianos de prevención del cambio climático. Algunos ejemplos son el desecho selectivo de basura, la compra de electrodomésticos energéticamente eficientes, la iluminación de bajo consumo, el consumo de productos locales y el uso de la bicicleta y los medios de transporte colectivos.

7a Lee el artículo. ¿Cuál es el mensaje principal de esta campaña? ¿Cuál es su objetivo?

7b Considera cómo los cinco comportamientos mencionados en el texto contribuyen a la sostenibilidad. Prepara una presentación para convencer a tus compañeros/as.

Gramática → 131 → W65

Verbs + infinitive

● A key function of the infinitive is to serve as a complement in verb + infinitive constructions where it directly follows the conjugated verb.

Necesitan tomar decisiones difíciles.
They need to make difficult decisions.

Prefiero viajar en avión.
I prefer to travel by plane.

Procuro reciclar la basura.
I try to recycle the rubbish.

A Here are a few verbs that may be followed directly by an infinitive. Find out their meanings if you don't know them already and write a sentence for each infinitive.

conseguir	deber	desear	lograr
merecer	necesitar	ofrecer	olvidar
parecer	poder	procurar	prohibir
prometer	querer	soler	

Verbs + preposition and verbs + preposition + infinitive

● In Spanish there are some verbs that require a preposition when preceding another word. The word that follows can be a noun, infinitive or both.

● Here is a list of some examples that you may find useful for your course. They have been grouped according to the preposition that they take.

Note: when the verb takes *a*, this *a* is a preposition. Be careful not to confuse it with the personal *a* placed after all verbs when the stated indirect object is a pronoun.

a	de
acostumbrarse a	abusar de
arriesgarse a	asombrarse de
aspirar a	dejar de
comenzar a	ocuparse de
decidirse a	quejarse de
limitarse a	tratar de
llegar a	
negarse a	**en**
oponerse a	confiar en
pasar a	consistir en
romper a	convertirse en
volver a	empeñarse en
	molestarse en

con
acabar con
dar con
soñar con

Gramática → 131 → W65

B Match these English meanings to the list of verb + preposition or verb + preposition + infinitive.

1 to come upon (someone/something)
2 to become used to (something/someone)
3 to become, change into (someone/something)
4 to be opposed to (something/doing something)
5 to complain of/about (something/someone/doing something)
6 to refuse to (do something)
7 to take advantage of (someone/something)
8 to trust/confide in (someone/a situation/doing something)
9 to insist on (something/doing something)
10 to finish/exhaust (something)
11 to stop (doing something)
12 to pay attention to/mind (something)
13 to limit oneself to (do something)
14 to arrive at (a place); to manage to (do something)
15 to be astonished at (something)
16 to consist of (something/doing something)
17 to proceed to (something/doing something)
18 to dream of or about (someone/something)
19 to aspire to (do/be something/someone)
20 to begin to (do something) suddenly
21 to begin (to do something)
22 to take the trouble to (do something)
23 to return to (a place/doing something) again
24 to decide (to do something)
25 to risk (doing something)
26 to try to (do something)

C En este texto faltan nueve preposiciones. Identifica dónde deberían estar.

Todos deberíamos comenzar tomarnos el tema del medioambiente más en serio. No podemos aspirar un mundo mejor si nos empeñamos abusar los recursos disponibles. Nuestra responsabilidad individual consiste hacer aquello que está al alcance de nuestra mano como molestarnos reciclar, empeñarnos utilizar medios de transporte más ecológicos y acostumbrarnos apagar luces, teles, ordenadores y lo demás cuando no los usamos. Nuestros descendientes merecen vivir en un mundo mejor que el que dejaremos si no nos molestamos cambiar las cosas.

Técnica

Estimados presidentes y líderes del mundo:

Somos la generación que **tendrá que vivir**, o mejor dicho sobrevivir, con el legado de sus decisiones e ineptidudes, de modo que les rogamos que **tengan en cuenta** nuestro futuro en vez de perseguir únicamente sus propios intereses. No pueden hablar de aliviar las deudas por un lado y por otro seguir estrangulando a los países pobres, exigiéndoles cada vez más intereses.

Les advertimos de que somos muy conscientes de que la globalización de productos y los flujos de capitales se está llevando a cabo sin atender a los derechos de las personas y negando la igualdad de oportunidades. La economía global **tiene que ajustarse** para incluir a los millones que mantiene en la pobreza. Claro está que ustedes no se fijan en eso, sólo les interesan los ingresos altos. Pero **tengan cuidado** porque ustedes no se saldrán con la suya ya que un medio ambiente en deterioro no entiende de fronteras ni objetivos económicos, pero sí que contamina las aguas donde más de un billón viven sin agua potable.

El egoísmo de las naciones ricas y las corporaciones trasnacionales es el motivo por el que billones de personas viven al margen de la pobreza. Es imprescindible que todos, tanto los países desarrollados como los que están en vías de desarrollo, nos dediquemos a encontrar un plan económico sostenible y estratégico para salir de este círculo vicioso. No se les olvide que **tenemos paciencia** pero también **tenemos voz y voto**.

Todos **tenemos que cooperar** para que el desarrollo y la sostenibilidad puedan ir mano a mano. Es hora de cambiar la mentalidad – arriésguense a tomar decisiones prácticas para reducir la pobreza, el calentamiento global y los conflictos armados. Ustedes **tienen el dinero**, la autoridad y los medios necesarios – háganlo antes de que sea demasiado tarde.

The verb 'tener'

- Remember this is a very important verb in Spanish and it has many uses:
  1. It can show possession.
  2. It is used to show age.
  3. It is used in idiomatic expressions.
  4. It can show obligation.

1 In this letter, the verb *tener* appears eight times. For each occasion decide which use of 1–4 above it refers to and write its English translation.

Listening skills

General gist
- Listen to the whole recording to make overall sense of the content.
- Look carefully at the questions and think about the kind of information they require, then try to anticipate the relevant vocabulary.
- Pay close attention to language and sentence structure.
- Make up your own system of abbreviations.

Detail
- Identify the main focus of each question.
- Listen in sections and pinpoint important detail related to each question.
- Watch out for traps such as negatives, or ideas that are mentioned as possibilities but don't actually supply the correct answer you need.

2 Now, following the steps above listen again to exercise 3a on page 51 and note the general ideas requested. Then listen a second time and note the details required in exercise 3b.

3 Listen again to exercise 6 on page 55 and make up your own abbreviations for note-taking.

A escoger

1 ¿Mascas chicle? ¿Qué haces con él cuando te cansas de masticar? ¿Los chicles causan problemas en tu instituto o en las calles de tu ciudad? Discute con tus compañeros/as.

¿Mascas chicle?

Según los expertos, en España se consume una media de tres kilos y medio de chicle por habitante y, pese a que no son biodegradables, muchos de estos acaban en el suelo de las calles donde acumulan en torno a 50.000 gérmenes a lo largo de los cinco años, poco más o menos, que tarda un chicle en degradarse.

No es muy sorprendente que el ingrediente básico con el que se fabrican los chicles sea la goma. Pero quizás sí lo es el que sea el mismo ingrediente del que están hechas las ruedas de nuestros vehículos y que Wrigleys, el líder de la producción mundial de chicles, sea abastecido por la compañía Goodyear.

Dadas las condiciones de nuestro entorno, la conciencia social y el reciclaje son el último grito; después de minuciosos estudios sobre el perfil del consumidor, las marcas más consumidas, y la composición de cada uno de los chicles, la empresa estadounidense Envyro Bubble y la británica Gummy Bins han diseñado recipientes especiales para depositar los chicles.

En el caso de Envyro Bubble, cada contenedor tiene capacidad para 1.000 chicles que más tarde son convertidos en fertilizante.

Gummy Bins afirma que en seis meses disminuyó en un 72% el número de chicles en las calles de Solihull tras poner a prueba sus contenedores de 500 unidades. Lo más peculiar es que los chicles se recogen para ser utilizados como sistemas de drenaje para campos de fútbol.

2 Lee el artículo y contesta a las preguntas.

1 ¿Por qué los chicles son nocivos para el entorno?

2 ¿Qué es lo que no es asombroso sobre los chicles?

3 ¿Qué es lo sorprendente de Wrigleys?

4 ¿Qué se hizo antes de diseñar los contenedores?

5 ¿Por qué es Solihull una ciudad significativa para Gummy Bins?

6 ¿Qué hacen las empresas con los chicles recogidos?

3 Encuentra en el texto las palabras o expresiones que significan lo mismo que:

> aunque   alrededor de   durante
> aproximadamente   el principal productor
> está de moda   receptáculos

4 Escucha a una ciudadana y completa estas frases.

1 La señora compara a los humanos con … porque …

2 No aguanta a alguien que … cuando …

3 Duda si la gente masca por … o …

4 Su opinión … cuando …

5 Escribe una propuesta de 250 a 400 palabras proponiendo el uso de uno o ambos sistemas de reciclaje de chicles en tu zona.

• Escribe una breve introducción.

• Explica el problema, incluye ejemplos.

• Propón tu solución.

• Explica las ventajas de tu propuesta.

• Escribe una breve conclusión.

6 Avances científicos, médicos y tecnológicos

Al final de esta unidad, sabrás abordar los siguientes temas:

- ◆ las ventajas y desventajas de la tecnología

- ◆ las investigaciones médicas y controversias

- ◆ los avances tecnológicos y su impacto en nuestra vida

Sabrás mejor cómo:

- ◆ expresar el futuro usando
  - – el futuro perfecto
  - – el condicional perfecto
  - – el subjuntivo en cláusulas temporales futuras

- ◆ identificar los principales temas al escuchar o leer un texto

- ◆ resumir un texto oral o escrito

- ◆ emplear diferentes técnicas cuando escuches

1 Escucha y relaciona cada texto con una imagen.

2a Lee esta lista de palabras. Adivina el significado y luego búscalo en un diccionario. Anota el equivalente en inglés y aprende las diferencias de ortografía y pronunciación.

- a la clonación
- b el ordenador/el internet
- c el ADN
- d la energía nuclear/solar/eólica
- e el robot casero
- f las prótesis
- g la nanotecnología
- h el móvil
- i los alimentos transgénicos (OMG)
- j la reproducción asistida
- k las misiones espaciales

2b Escucha y relaciona cada opinión con un tema de la lista. ¡Ojo! sobran tres.

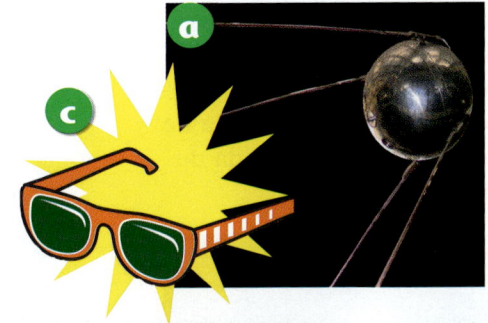
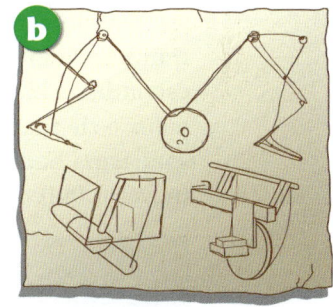

Las nuevas tecnologías

◆ *Sean útiles o no, los avances tecnológicos nos fascinan y nos confunden.*

1a Lee las descripciones. Decide cuál se refiere a:

a la bioquímica **b** las compras **c** el transporte **d** la cocina **e** la moda

1 El troncomóvil del siglo XX1 – el primer superdeportivo con carrocería y chasis realizado íntegramente en madera se llama Splinter. Alcanzará una velocidad máxima de 380km/h y podrá pasar de 0 a 100km/h en poco más de tres segundos. ¿Cómo reaccionará en caso de choque, fuego o termitas? ¡Son unas preguntas que dicen tener controladas!

2 Un tercer brazo imprescindible – el artilugio que revolucionó la forma de hacer mayonesa data de 1959 y es obra del diseñador industrial Gabriel Lluelles de Barcelona.

3 Hay plantas modificadas genéticamente que pueden detectar el TNT y otras sustancias químicas contenidas en minas antipersona escondidas bajo tierra. La planta cambia de color o de forma avisando de la presencia de este arma horrorosa que se cobra la vida de unas 20.000 personas al año.

4 Es un paraguas que no se da la vuelta, un ingenioso dispositivo que se llama 'la nubrella'. Este paraguas es plegable y está hecho de nailon, aluminio y poliuretano. Lleva un sistema de varillas especial que impide que se dé la vuelta con el viento.

5 Los supermercados británicos Tesco han diseñado el primer carrito de la compra que ayuda a hacer deporte mientras se empuja. El Tesco trim trolley incorpora un monitor que controla las calorías consumidas, las pulsaciones, la velocidad y el tiempo.

1b Clasifica los aparatos del más útil al menos útil en tu opinión. Luego compara tu lista con la de un(a) compañero/a.

1c Busca sinónimos para las siguientes palabras.

> unas preguntas   imprescindible
> artilugio   sustancias   escondidas
> impide   diseñado   controla

1d Completa las siguientes frases relacionadas con los textos.

1 Cuando (ir) de compras podrás hacer ejercicio al mismo tiempo.

2 La planta cambiará de color en cuanto (detectar) la presencia de una mina.

3 Dentro de un siglo la ciencia ficción (convertirse) en realidad.

4 Supongo que ya (comprarte) el último modelo de paraguas.

5 Sírveme la mayonesa en cuanto que la (hacer).

2a Escucha los anuncios e identifica el tema.

1 la moda

2 los parques temáticos/el turismo científico

3 la lectura

4 la telecomunicación

5 la salud (medicina)

6 la biomecánica

7 un juguete

8 los materiales químicos

2b Escucha otra vez y decide cuál de las opiniones 1–8 de abajo corresponde a cada anuncio.

1 ¡Qué buena idea la del profesor Hawking que ha escrito una novela infantil para que los niños se apasionen por la ciencia!

2 Me parece fenomenal que los museos de hoy en día tengan una tecnología capaz de entretener hasta al chico más travieso de la clase y enseñarle un montón de cosas.

3 Tales juguetes no enseñan nada ni valen la pena – son una pérdida de tiempo.

4 Los tejidos ecológicos ya han subido a las pasarelas y pronto se llenarán nuestros armarios de tejidos reciclados y libres de pesticidas.

5 Cualquier artilugio que permita que un discapacitado se desenvuelva más fácilmente en la vida diaria merece toda la inversión posible.

6 Todo lo que pueda ayudar a remediar enfermedades hasta ahora incurables tiene que ser un beneficio para la sociedad.

7 Cada vez más, la ciencia ficción se hace realidad.

8 En menos de cien años los plásticos han cambiado la sociedad, al poner al alcance de todos muchos productos que antes eran caros o no podían comercializarse.

3a Lee el artículo y busca:

a cuatro palabras técnicas en inglés

b cinco cognados o casi cognados

c frases que signifiquen:

a meeting point	only has to	endorsed by
support	a tool	to dump	well established
at the click of a mouse		

La tecnociencia

Así se llama el nuevo portal científico español en Internet; un punto de encuentro para científicos e investigadores españoles que cataloga sus inventos y hallazgos y los pone a disposición de empresas de una forma sistemática y accesible.

Para utilizar el sistema una empresa no tiene más que registrarse porque es un servicio público respaldado por varios ministerios y está integrado con el consejo Superior de Investigaciones Científicas (CSIC) que aporta apoyo técnico y operativo. No existe ni en Europa ni en América un sistema de estas características.

Es una herramienta para la búsqueda inteligente de datos, pero también desarrolla las herramientas para que cualquier portal pueda volcar en éste su información. Es un punto de referencia y al mismo tiempo un portal de portales que no quiere sustituir a los que ya están consolidados, como Madrid I+D – considerado el sexto mejor del mundo, ni a los de las universidades o los institutos.

En la web, los internautas pueden visitar un museo virtual en el que se recrean algunos de los experimentos más importantes de la historia de la ciencia – todo a golpe de ratón.

Para saber más – www.tecnociencia.es

3b Explica en inglés en dos o tres frases qué es la tecnociencia y cómo funciona. ¿Crees que es algo útil para el avance científico?

◆ *¿Quién controla los avances y cómo resolver las controversias éticas y morales?*

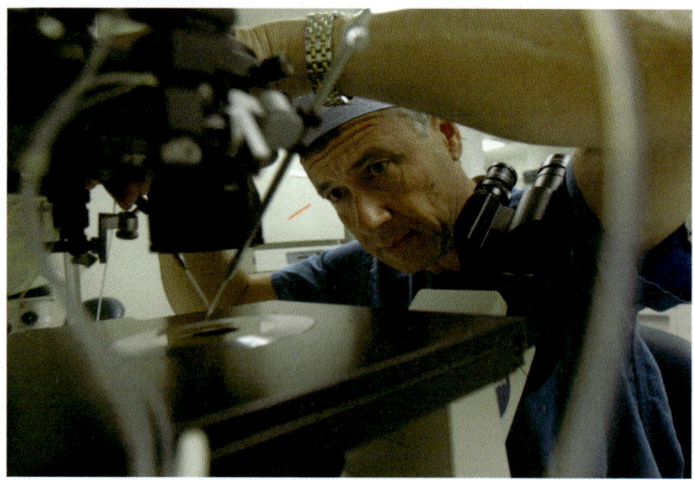

1 Lee el texto y contesta a las preguntas.

   1 ¿Qué párrafos 1–5 se pueden resumir con las siguientes afirmaciones?

     a Se espera curar enfermedades hasta ahora incurables con este proceso.

     b Es difícil aguantar el progreso.

     c Quieren aliviar el problema de la falta de órganos.

     d Los científicos buscan una forma segura de trasplantar órganos.

     e El proceso es similar para la reproducción y para el trasplante.

   2 ¿Cuál es el problema central de este proceso según el texto?

   3 Explica en inglés con tus propias palabras los tres primeros pasos del proceso.

   4 ¿Para qué pueden usarse los tejidos obtenidos?

   5 ¿Qué pretenden hacer los científicos españoles?

   6 ¿Cuál es 'la otra cara de la moneda'?

La clonación

1 El 26 de noviembre de 2001 anunciaron la primera clonación de un embrión humano. Lo que pretenden es poner a punto la obtención de tejidos y órganos para trasplantes y no para la reproducción humana. Lo que pasa es que el método es el mismo en ambos casos.

2 Paso 1 – Una vez obtenido un óvulo se le extrae el núcleo para eliminar toda su información genética.

Paso 2 – A este óvulo se le inserta el núcleo de una célula del individuo que se quiere clonar para que obtenga sus genes. Luego se activa por el proceso de fusión.

Paso 3 – Una vez activado, el óvulo comienza a dividirse y se convierte en un blastocito, o preembrión, con células madre indiferenciadas.

3 En el laboratorio ya pueden convertir estas células madre indiferenciadas en células diferenciadas tales como intestinales, cardíacas, sanguíneas, etc. Estas mismas células forman el tejido listo para ser trasplantado a los enfermos y sin peligro de rechazo, ya que son genéticamente exactos al receptor. Muchos científicos están estudiando este proceso con el deseo de poder curar enfermedades como la de Parkinson o la diabetes. En España se está investigando cómo trasplantar tejidos obtenidos de este proceso al pancreas para que vuelva a producir insulina.

4 En poco tiempo se dice que será posible producir un órgano completo que sustituya al órgano enfermo, evitando así el problema de la escasez de órganos, porque para poder realizarlo se mezclarán órganos animales con humanos.

5 Sin embargo, si el embrión se implanta en el útero de una mujer y el embarazo llega a término, lo que nacerá será un clon humano. Hasta hoy, nadie ha logrado detener a la ciencia y es improbable que ésta sea la primera vez. ¿Pronto habrá clones humanos?

2 Escucha el informe y escribe el número o la fecha apropiado/a para cada punto.

a el año del genoma

b el primer genoma completo

c periodo transcurrido entre descubrimientos extraordinarios

d los genes de la bacteria mortal de E.Coli

e diferencia genética entre chimpancés y seres humanos

3a Escucha los cinco puntos de vista. ¿Cuál menciona …?

a un futuro inseguro

b el supuesto combate sin víctimas

c la rapidez de los avances

d la utilidad de proyectos

3b ¿Cuál es el tema y la opinión del último?

3c Lee las opiniones y emparéjalas con lo que acabas de escuchar.

Palmas y pitos para la supertecnología

a Hace poco, muchas cosas que hoy en día aceptamos como comúnes y corrientes fueron conceptos de pura ciencia ficción.

b Lo más preocupante de todo esto es que no hay leyes que rigen nuestro comportamiento en la mayoría de los casos.

c Menos mal que hace poco se ha creado el Foro de Evidencias Electrónicas aquí, en España, donde se consulta a todos los usuarios antes de tomar decisiones arbitrarias sobre medidas de protección y regulaciones.

d Es importante mantener un equilibrio entre la seguridad y la libertad personal.

e Poder acondicionar la teoría a un sistema móvil real es sólo cuestión de tiempo en cuanto a los músculos artificiales se refiere.

f Los robots minúsculos suponen un gran avance para la cirugía ya que gracias a ellos el paciente no sufre tanto y se recupera con mayor rapidez.

g Gracias a la biotecnología, la yuca, un cultivo humilde de la gente pobre, podría convertirse en un alimento más nutritivo con alto contenido de proteínas y vitaminas.

h Imagínense lo que significa para la gente hambrienta. Por eso no quiero ni pensar en los peligros de la modificación genética, sólo quiero aplaudir los nuevos hallazgos.

i Parece ser que ya hemos pasado a una nueva era de combate que se asemeja a un videojuego en el cual sistemas de computación y satélites dirigen los nuevos ataques guiados por GPS. Eso sí parece ciencia ficción hecha realidad y todos debemos desconfiar de ello.

3d Escribe tu opinión sobre el último punto de vista.

4a Pregunta a una persona mayor qué recuerda que fueron los inventos más avanzados en su día. Escribe una lista. Compara estos inventos con aparatos inventados recientemente.

Ejemplo: *Hace X años había / hubo … en cambio hoy en día hay / tenemos …*

4b Discute con un(a) compañero/a qué aparato técnico es el más útil y el menos útil de todos los de la lista.

Ejemplo: *Creo que X es el / la más / menos útil porque …*

5 Habla con un(a) compañero/a sobre los avances y luego escribe cinco frases que apoyen los beneficios y cinco que denuncien los peligros. Usa las expresiones de abajo:

En primer lugar hay que/se suele decir que …

Es difícil de imaginar que …

Hay que reconocer que …

Es innegable que …

Esto demuestra que …

Para resumir el debate/en conclusión insisto en que …

¿Adónde nos lleva?

◆ *¿A qué esperamos? ¿Qué exigimos? ¿Cómo nos imaginamos el futuro?*

1a Lee el artículo.

Nanotecnología: ¿oportunidad o amenaza?

Cada vez más minúsculas pero cada vez más potentes. La nanotecnología abre grandes interrogantes.

Nanotecnología significa la ciencia de lo que es minúsculo en dimensión; es una nueva tecnología manufacturada capaz de hacer productos cada vez más pequeños pero a la vez más potentes. Se trata de partículas invisibles al ojo humano, ya que un nanómetro equivale a una millonésima parte de un milímetro. Para hacernos una idea, podemos recordar que un cabello humano tiene un grosor de unos 80.000 nanómetros.

Se observan beneficios notables, por ejemplo, en el campo de la medicina, donde una cirugía menos invasiva permite penetrar el cuerpo humano con mayor eficacia y precisión fisiológica. Además permite el desarrollo de músculos y prótesis artificiales, tejidos electrónicos que a la vez son sensores, aparatos como marcapasos o instrumentos que pueden controlar la dosis de insulina para los diabéticos, entre muchos otros.

Los peligros abundan también, sobre todo sus aplicaciones militares; además de las posibles consecuencias indeseadas en el campo farmacéutico o medioambiental; consecuencias mutagénicas de nuevas cremas o lociones con nanopartículas mucho más potentes que las actuales moléculas que se absorben por la piel.

¿Cómo controlar una tecnología que permite construir bombas del tamaño de un bolígrafo que pueden destruir todo un barrio estratégico de una ciudad? ¿Cómo controlar nanopartículas que se supone mejorar nuestros alimentos, pero que igualmente pueden destruir el medio ambiente?

Es fácil respaldar las aplicaciones positivas y hay muchas. Sin embargo es imprescindible que seamos realistas y que afrontemos los peligros, muchos de los cuales ni conocemos ni podemos imaginar. Desde tiempos inmemoriales la historia nos ha dado ejemplos de la llegada de una nueva tecnología en el desarrollo de las ciencias. ¿Pero estamos verdaderamente preparados para este salto tecnológico?

1b Indica las cinco frases correctas, y luego corrige las incorrectas.

a Esta nueva tecnología plantea una serie de preguntas considerables.

b Cuanto más diminutos, más poderosos son los inventos.

c No se pueden ver excepto con un telescopio.

d No sirve para los avances médicos.

e Ayuda a los cirujanos cuando operan a pacientes.

f Tiene muchas ventajas para los militares.

g Es peligroso usar las nuevas cremas y lociones.

h Es capaz de cambiar lo que comemos sin que nos demos cuenta.

i Va a destruir el medio ambiente.

j Ya se conocen todos los peligros.

1c Busca sinónimos de:

> poderosos   significantes
> corresponde a   exactitud
> rebosan

y antónimos de:

> anheladas   repelen
> prohibe   construir   empeorar
> huyamos de

1d Escribe un resumen incluyendo información sobre:

- una definición
- los beneficios
- los peligros
- tu opinión

2a Escucha estos puntos de vista y corrige las frases a continuación. Indica la palabra incorrecta y añade la correcta.

a Los peligros suponen los beneficios en cuanto a los avances tecnológicos.

b Las prótesis para incapacitados físicos son un beneficio enorme.

c Lo que más me pregunta a mí es la falta de control.

d Vemos casos a diurno de virus que atacan.

e Hay que buscar las medias para controlarlo.

f No podemos prender que no exista.

g Los criminales se defectan con más rapidez y mayor eficacia.

h La gripe española de 1918 fue archivada por el contacto con aves.

i Las energías alternas como la solar o la eólica tienen que ser lo más importante.

j Hay que desayunar nuevas fuentes de energías.

2b Decide si cada frase a–j trata de un beneficio o un peligro.

3a La revolución tecnológica: ¿cómo ha afectado nuestra vida? Discute el tema con un(a) compañero/a y añade otros ejemplos tuyos a la lista.

En …

- la casa
- el colegio
- el trabajo
- el ocio
- tu uso personal

3b Escucha y anota cinco cambios para cada persona. Escribe frases completas en español y en tus propias palabras.

3c Escribe dos párrafos breves:

¿Qué impacto ha tenido la tecnología en nuestras vidas? ¿Es por el bien o el mal en tu opinión?

4a Lee el texto y pon los puntos clave en orden. Luego añade un detalle a cada uno.

Punto clave	Detalle
Ratones	adaptarse a la gravedad parcial de Marte
El biosatélite	retos físicos
Australia	a 400 km de la Tierra
La misión	Cabo Cañaveral
Primeros astronautas	viajeros recuperados
2010	quince/monitorizados

4b Busca donde puedas palabras o frases alternativas para los puntos clave y los detalles.

4c Escribe un resumen del texto de unas 90 palabras usando tus puntos clave.

Ratones a la conquista del Planeta Rojo

La misión Mars Gravity Biosatellite, constituirá una valiosa fuente de información sobre la forma en la que los mamíferos se adaptan a la gravedad parcial de Marte.

Durante cinco semanas quince ratones, cada uno dentro de su propio sistema de soporte vital, serán monitorizados constantemente por vídeo. En realidad, el biosatélite no tendrá que ir hasta el Planeta Rojo. La sonda se situará a 400 km de la Tierra, girando sobre su propio eje para crear una fuerza centrífuga que generará la gravedad deseada.

El satélite será lanzado en 2010 desde Cabo Cañaveral y será recuperado con todos sus viajeros en Australia. El proyecto, que ayudará a planificar las futuras expediciones tripuladas al Planeta Rojo, no sólo ofrecerá una idea de los retos físicos que les esperan a los primeros astronautas que viajen a Marte, como osteoporosis o degradación muscular, sino que será una magnífica plataforma de entrenamiento para la nueva generación de ingenieros.

5 Imagina la vida futura. ¿Cómo será? ¿Qué cambios crees que habrá en el mundo del trabajo, del colegio o de la casa? Describe un día en la vida laboral o escolar del año 2050. Escribe unas 240–270 palabras.

Gramática  135 W70

The future perfect and conditional perfect

- Sometimes the best way to remember these more complex/compound tenses is to learn an example by heart and use it as a guide and model your own sentences on it. Look at these two examples and analyse how to form the tenses and when you would use them.

  future perfect:
  Dentro de dos años habré terminado mis estudios.

  conditional perfect:
  Habría comido antes pero no tenía apetito.

A Write two more examples of each tense in Spanish.

- Both tenses can also be used to express supposition.

B Translate these two sentences into English then write another set of examples in English and give them to a partner to translate into Spanish.

1 Supongo que habrá llegado a tiempo.
2 Me imagino que ya habría comido antes de salir.

Subjunctive of futurity in temporal clauses

- The subjunctive is used in all temporal clauses which refer to the future after conjunctions such as *cuando, hasta que, en cuanto (que), tan pronto como*.

C Translate these examples into English.

1 Cuando tú hayas desayunado yo ya habré almorzado.
2 Cuando termines de comer yo ya habré salido.
3 Apenas llegues a casa, yo me habré acostado.
4 En cuanto se despierte, avísame.

D Continue the previous idea and write out more examples.

- Note the 'future' idea may be in reported speech:
  Dijo que en cuanto te acostaras me despertaría.

- or taken from a 'past' point of view:
  Clara iba a quedarse en casa hasta que llegara Pedro.

- Compare how the indicative is used when you refer to the past or to a repeated action.

E Explain the difference.

1 Siempre pongo la alarma cuando salgo.
  Cuando salgas no te olvides de poner la alarma.

2 En cuanto llegó a casa le dije lo que había pasado.
  En cuanto llegue a casa dile lo que ha pasado.

3 Siempre espero hasta que suena el despertador.
  Espérame aquí hasta que suene el despertador.

- Note: *Antes (de) que* is always followed by a subjunctive.

Other ways of expressing the future

Remind yourself about:
- the immediate future – *vamos a …*
- the future or conditional – *serán las doce/tendría unos 15 años*
- the present tense in question form – *¿Tomamos una copita? ¿Te preparo una tortilla?*
- verbs such as *esperar, tener la intención de, me gustaría, quiero, quisiera*

F Write sentences to illustrate each of these uses.

Técnica

Listening, reading and summarising

Identifying the main points of a text
Before you start

- Make sure you know all the question words/interrogative pronouns – *¿cuándo? ¿cómo? ¿dónde? ¿adónde?* etc.

- Look carefully at the questions – what clues do they offer?
- For the oral discussion you will need to predict what kind of questions you may be asked, so learn to ask questions as well.
- Think about the main idea or theme, the tense and construction of your answer.
- Underline the key points.

During the task

◆ Read through the whole text several times.

◆ Work through each paragraph and link information to questions.

◆ Pay close attention to the language and sentence structure – ask yourself how does the word or phrase function grammatically in the text. For example, look at word order including subject-verb inversion; repetition avoided by using pronouns; use of negatives; conjunctions linking or contrasting ideas; and the person and tense of verbs.

◆ Build up an understanding, making sense out of what you know and recognise.

◆ Remember there are always a lot of words which are not really essential to the 'skeleton' message of the text. We use adjectives and phrases to fill out and enhance our writing. Learn to recognise non-essential language.

Finally

◆ Analyse how the sentence you have written as an answer works: does it reflect the question accurately?

1 Read the text and link the questions to the relevant sections. How does each question reflect what information? Note the tense and word order.

En primer lugar, la energía nuclear es peligrosa. La tragedia de Chernóbil puso punto final al debate sobre la seguridad de las centrales nucleares.

En segundo lugar, la industria atómica no ha sido capaz de encontrar una solución satisfactoria al inmenso problema que supone generar residuos radioactivos cuya vida activa es de decenas de miles de años.

En tercer lugar, la energía nuclear sólo ha podido sobrevivir en los países donde ha contado con fuertes subsidios estatales y con apoyo político cuando surgían los problemas financieros.

Abandonar la energía nuclear es una cuestión política, nada más lo impide. Es lo deseable desde la óptica ciudadana y medioambiental.

1 ¿Cuál es el primer punto? ¿Dónde ocurrió el ejemplo que ofrece?

2 ¿De qué trata el inmenso problema? ¿Cuánto tiempo dura?

3 ¿Cómo dice que sobrevive la energía nuclear? ¿Dónde y quién la apoya?

4 ¿Qué solución ofrece el autor?

5 ¿Por qué crees que dice que es deseable?

Making a summary

You summarise all the time, often without realising what you are doing. Follow these steps carefully:

◆ Make sure you know what information you are being asked to extract – underline it in the questions or bullet points if there are any.

◆ Decide by how much you need to reduce the text.

◆ Listen or read several times to extract the gist.

◆ Focus on key words, phrases or expressions and think of alternatives (make abbreviations if listening).

For example, use alternatives like *artilugios, divisos, aparatos, trucos.*

◆ Gauge the register, looking for humour, irony and mood. Is the piece serious, exaggerated or sensational?

◆ Use your own words to relate the main ideas or pieces of information.

◆ Put the most important ideas first – these may not appear first in the text itself.

◆ Make it fairly impersonal e.g. 'X (the author) says/thinks/argues/suggests that …'

◆ Group ideas or points together where possible.

For example '*las nuevas tecnologías*' covers just about everything.

◆ Use one word or phrase to save longer phrases or descriptions.

Example: *puso punto final al debate = concluyó, acabó con, terminó.*

◆ Do not include your own ideas unless specifically asked to do so.

◆ Make sure the end piece flows smoothly and follows a logical sequence.

2 Listen to this interview several times, as follows:

a Focus on the different sections – how many are there?

b Focus on the questions – write down each one.

c Focus on the answers and points of view expressed – use your own abbreviations.

d Choose some appropriate headings for each section.

e Decide what is essential information and what is extra detail.

3 Now, using your notes, write a summary of about 100 words. Include the following information:

• the objective of their work

• the people who work at the centre

• the vaccination programme

1a Escucha los informes 1–5 y clasifícalos según creas que las ideas son útiles, inútiles o aburridas.

1b Discute tus respuestas con un(a) compañero/a.

1c ¿Qué informe trata sobre …?

a limpiar el agua potable

b un asiento móvil

c el medio ambiente

d la detección de la delincuencia

e un estimulante para dormirse

f un diseño bastante innovador

g la detección de gérmenes

h una venda curativa

i un juguete para adultos

2 Traduce al español el texto de abajo. Luego contesta a las preguntas utilizando tus propias palabras.

1 ¿De qué trata?

2 ¿Qué propone hacer?

3 ¿Qué tono adopta?

4 En tu opinión, ¿es un debate importante?

5 ¿Quién va a ser la policía de los avances tecnológicos? ¿Hay que limitarlos? ¿Cómo?

There will be a three-month consultation to seek out public opinion regarding new developments in genetic science. The prospect of designer babies approaches fast. We should all consider the social and ethical implications of such a step. People need to say what they think quite freely, consider all the issues and put forward their concerns. Above all we need to ask ourselves whether the pace of progress is being matched by regulations, guidance and advice. Are things going too far? is a key question.

3a Lee el texto sobre el futuro de la tecnología y contesta a las preguntas.

El mundo tamaño chip

Ya no es un sueño: el sueño ya es realidad. En los últimos años se ha desarrollado una tecnología que puede detectar enfermedades mucho antes de que nos ataquen. "Más vale prevenir que lamentar" ya no es un dicho sino un hecho gracias a la multitud de aparatos con chips que han salido al mercado. Ahora ya podemos diagnosticar enfermedades y autorecetarnos. Por ejemplo, el cepillo de dientes inteligente es capaz de comprobar el nivel de azúcar en la sangre o de bacteria en las encías, lo que nos permitirá prevenir enfermedades tales como infartos o derrames cerebrales. También se han desarrollado unas gafas inteligentes para ayudarnos a recordar cosas que hemos olvidado de comprar. Pero el artilugio más importante de todos estos nuevos aparatos es el monitor de melanomas que podrá detectar síntomas de cáncer tomando fotos del cuerpo semanalmente y contrastándolas con las anteriores. En caso de que algo parezca maligno te aconsejará que vayas al médico. La diferencia es que ahora pasarás mucho menos tiempo en el consultorio médico porque llegarás con todo diagnosticado ya. Y es que siempre se dice que la prevención es mejor que la cura.

3b Busca:

1 cinco cognados – ejemplo: realidad/reality

2 sinónimos para: el universo, arrepentirse, artilugios, además, sabio

3 antónimos para: primeros, permitir, incapaz, olvidar, posteriores

3c Busca frases que signifiquen: últimamente/recientemente, es mejor, ya están a la venta, puede, han sido elaboradas, fotografiando, cada semana

3d ¿Cómo puede ayudarnos la nueva tecnología, según el texto?

• ¿Qué ejemplos describe y cómo funcionan?

• ¿Qué beneficios pueden aportar?

3e ¿Tú qué opinas de las nuevas tecnologías? Escribe unas 250 palabras.

• ¿Qué beneficios han aportado a tu vida?

• ¿Cómo han cambiado tu vida?

• ¿Qué peligros hay que evitar?

Repaso Unidades 5–6

Diez consejos para ahorrar energía ... ¡y dinero!

 a ...... las bombillas tradicionales por otras de bajo consumo.

 b ...... que las puertas y ventanas ...... bien cerradas para ...... corrientes.

 c ...... las luces cuando no ...... necesarias.

 d ...... transporte público cuando te ...... posible.

 e Solamente ...... los platos cuando el lavavajillas ...... lleno.

 f No ...... el límite de velocidad y ...... una velocidad constante cuando ......

 g ...... el modo de hibernación en tu ordenador para después de diez minutos sin uso.

 h En invierno ...... un jersey para estar en casa y ...... el termostato de la calefacción a 21°C durante el día y a15°C o menos durante la noche. En verano ...... ropa ligera y ...... el aire a 25°C o más.

 i ...... duchas cortas e ...... un cabezal de ahorro de agua en tu ducha.

 j ...... la televisión cuando nadie la ......

1a Mira el póster. El editor ha cometido un error y los consejos no cuadran con los dibujos. ¡Emparéjalos correctamente!

1b Completa los consejos con el tiempo adecuado de estos verbos. ¡Atención! Necesitarás utilizar algunos verbos más de una vez.

cerrar	llevar	sustituir	estar	apagar
tener	ponerse	tomar	lavar	sobrepasar
comprobar	evitar	mantener	mirar	
programar	conducir	instalar	ser	

2a ¿Eres consciente de tu huella ecológica? Discute con tu compañero/a cuáles de los consejos del póster sigues, cuáles no, y por qué.

2b ¿Se te ocurren otros consejos? Escríbelos.

3a Escucha. ¿Qué hacen para ahorrar el agua? Anota en español las diez soluciones que proponen.

3b Explica sus ideas usando estas frases.

Insisten (en) que	Temen que	
Permiten que	Impiden que	Quieren que
Les gustaría que	Nos piden que	
Esperan que	No dejan que	Prefieren que

4 Escucha el informe sobre Monsanto en España y contesta a las preguntas.

1 ¿Cómo comenzó Monsanto a trabajar en España?

2 ¿Qué significa "no-laboreo"?

3 ¿En qué tipo de agricultura destaca este grupo?

4 ¿Qué otra cosa atrae a los agricultores?

5 Explica en una frase estas cifras.

a	1969	**c**	1/3
b	40	**d**	50%

5 Escucha el informe sobre el taller del siglo XXI cuantas veces sea necesario. Corrige las frases que son falsas o ambiguas según lo que oyes.

1 El taller tradicional pronto desaparecerá.

2 El ordenador ya puede reparar el coche.

3 El mecánico se viste de blanco.

4 Es más importante ser un buen mecánico que saber manejar el ordenador.

5 Cuesta menos cuando se usan los chips.

6 Nadie sabe cómo funcionan los coches nuevos.

7 Las grandes empresas tienen el monopolio sobre la tecnología.

8 El dueño del coche queda en manos de las agencias oficiales.

9 Hoy día los motores son irrompibles.

10 Los países pobres sufren porque no pueden usar los coches último modelo.

6a Lee el texto y busca la(s) palabra(s) española(s) que significan:

1 nickname

2 the earth's surface

3 a shelf life

4 faster than ever

5 it's important to point out

6b Escoge una frase a–h para completar las frases 1–5.

La telaraña electrónica

Con el apodo de "Internet en el cielo" una nueva era internet ya llegó. A unos 1.500 kilómetros de la superficie terrestre vuelan 288 satélites que cubren toda la Tierra. Cada satélite pesa unos 700 kilogramos y tiene una vida útil de 10 años. Además dispone de un panel solar siempre apuntado hacia el sol con el fin de cargar las baterías.

Con todo esto es posible navegar por Internet aun más rápidamente que nunca, conectarse con videoconferencias más nítidas en tiempo real, transmitir fax o comunicarse por voz con altísima fidelidad, bajar transmisiones de televisión interactiva como y cuando quieras, participar en juegos "en línea" a una velocidad impresionante, transferir grandes ficheros en segundos. El sector de los medios de comunicación se halla inmerso en una revolución que está cambiando sus capacidades y ámbito de actuación. Conviene destacar cómo se transforman los estilos de vida personal así como el mercadeo y la economía, pero ¿qué ventajas tiene para la humanidad? En cuanto a la asistencia sanitaria hará posible la transmisión de radiografías entre hospitales a distancia en tan sólo siete segundos.

1 La cobertura electrónica …

2 Los satélites …

3 Las conexiones …

4 La nueva era …

5 Los medios de comunicación …

a aumenta las capacidades de los medios.

b ha transformado el modo de ser.

c se extiende por todo el mundo.

d favorecen la economía.

e funcionan gracias a la energía del sol.

f duran unos diez años.

g ofrecen muchas ventajas personales.

h se llevan a cabo velozmente.

6c Escribe una frase para completar las tres que sobran.

7 Talento hispano

Al final de esta unidad, sabrás abordar los siguientes temas:

- personalidades del arte hispano
- la literatura: los premios, los autores y los géneros
- el teatro popular, el cine y el baile
- las artes visuales
- la música

Sabrás mejor cómo:

- utilizar la voz pasiva
- mejorar tu trabajo oral y escrito con adjetivos clave y superlativos
- buscar información para tu tarea escrita y planearla eficientemente

1a Aquí tienes los nombres de algunos artistas hispanohablantes junto a algunas de sus obras más famosas. ¿A cuáles de ellos conoces? Clasifícalos según su disciplina artística. Pregunta el resto a tu profesor o búscalos en Internet.

a Pintura
b Música
c Arquitectura
d Literatura
e Baile
f Interpretación
g Dirección de cine
h Escultura

1 Antoni Gaudí – Sagrada Familia
2 Enrique Iglesias – *Bailamos*
3 Salvador Dalí – *La persistencia de la memoria (Relojes blandos)*
4 Alejandro Amenábar – *Los Otros*
5 Joaquín Cortés – *Mi soledad*
6 Javier Bardem – *No country for old men*
7 Pedro Almodóvar – *Volver*
8 Miguel de Cervantes – *El ingenioso Hidalgo Don Quijote de la Mancha*
9 Pablo Ruíz Picasso – *Guernica*
10 Eduardo Chillida – *los Peines del Viento*

1b Escucha estos clips. ¿De quién hablan?

1c Escucha otra vez y anota:

- su edad o fecha de nacimiento
- un dato sobre su familia
- dos datos adicionales

2 ¿Te gusta el arte? ¿Cuál de los temas mencionados en el ejercicio 1 te interesa más? ¿Hay alguno que no te interese? Discute con tus compañeros/as y razona tus respuestas.

Frases clave

(No) Estoy interesado/a en …
(No) Me interesa …
(No) Me atrae …
(No) Me aburre …
(No) Me apasiona …
A mi parecer …

Por amor a la lengua

◆ *"Escribo porque es la única manera de hablar callando" – Pascal Quignard*

1 ¿Te gusta la lectura? ¿Lees a menudo? ¿Qué lees? ¿Tienes un autor favorito? Discute con un(a) compañero/a.

Premio Jordi Sierra i Fabra de literatura para jóvenes

Este concurso anual tiene la meta de estimular en los estudiantes españoles y latinoamericanos el placer por la creación literaria y el amor por la palabra escrita.

Podrán optar al premio todos los jóvenes que para la fecha límite no hayan cumplido 18 años sea cual sea su nacionalidad. Las obras deberán presentarse en castellano, y ser inéditas y originales. Obras que hayan sido anteriormente premiadas en otros concursos no serán aceptadas.

El manuscrito deberá tener una extensión mínima de 50 páginas impresas por una sola cara tamaño DIN A4, con un contenido de entre 30 y 35 líneas por página en un cuerpo 12 o superior.

Serán aceptadas obras de narrativa, temática libre, y cualquier género: novela única, conjunto de relatos, cuentos, categoría infantil o juvenil, etc. Serán valoradas la calidad literaria y las dotes creativas del autor.

Un único premio indivisible de 3.000 euros a cuenta del 5% de derechos de autor, será aportado por la Fundación Jordi Sierra i Fabra y el premio incluye la edición y comercialización de la obra premiada por parte de Ediciones SM.

Los originales, indicando en el sobre 'Para el Premio Literario Jordi Sierra i Fabra', deben ser remitidos a: Fundació Jordi Sierra i Fabra, c/ Johann Sebastian Bach nº3, 08021 Barcelona, España.

2 Lee el artículo sobre la convocatoria de premios de literatura para jóvenes y contesta a las preguntas en inglés.

1 What is the objective of the competition?

2 Could you apply?

3 What will not be accepted?

4 What are the five physical requirements of the piece?

5 What are the two financial aspects of the prize?

6 What is the role of SM?

3a Escucha esta entrevista con el ganador de la primera edición del premio Jordi Sierra i Fabra de literatura para jóvenes. Escoge la terminación adecuada para cada frase.

1 La novela está basada en …
  a la vida de un estudiante que quiere cambiar.
  b hechos reales de la vida de un skinhead.
  c la lucha de un skinhead por apartarse de su pasado.

2 Los cuentos de su padre …
  a alimentaron su imaginación.
  b eran muy imaginativos.
  c le gustaban mucho.

3 Arturo …
  a simpatiza con la ideología de los skinheads.
  b ha sufrido acoso escolar.
  c ha estudiado con skinheads.

4 El final de la trama …
  a estaba planificado antes de empezar.
  b fue difícil de decidir.
  c es un poco decepcionante.

5 Según Arturo Padilla, ser escritor …
  a es una afición.
  b es una profesión.
  c es una forma de ganarse la vida.

6 El autor quiere …
  a perder la sencillez.
  b que su vida cambie.
  c mantener los fundamentos éticos adquiridos.

3b Escucha de nuevo e identifica las palabras o frases que significan:

privilege   experiences   involved   ordinary
reveal   anticipation   outcome   hobby
instilled   praise

4a Lee el texto y contesta a las preguntas. Utiliza tus propias palabras.

1 ¿Qué es la Cubana?

2 ¿Con qué motivo reestrenan la función?

3 ¿A qué quieren hacer tributo?

LaCubana

La Cubana es uno de los grupos teatrales más emblemáticos de Cataluña que recientemente ha recorrido todo el país con el reestreno de la obra *Cómeme el coco, negro*, uno de sus más famosos montajes que reaparece con motivo de su 25 aniversario y como homenaje a todas las compañías de teatro ambulantes que hacen posible que el teatro llegue a todas partes.

4b Lee las opiniones de estos espectadores y decide quién habla en cada caso.

1 Sorprendieron con nuevas ideas.

2 Es una función apta para todos los públicos.

3 La participación del público fue original.

4 Hay elementos un poco absurdos.

5 Es un tributo al teatro de otras épocas.

6 La función garantiza una tarde digna de recordar.

7 No ha cambiado mucho desde su versión original.

8 En el teatro a menudo se ridiculiza a los espectadores.

Sofía: Muy divertida, como siempre. Lo único es que deberían incluir cosas nuevas para sorprender al espectador: son demasiados años con lo mismo, pero vale la pena.

Javier: Sorprendente, ingenioso, desenfadado y fresco. Un homenaje a una forma de teatro casi olvidada y al mundo de las variedades, el cual merece mucho respeto. Destacaré a favor de La Cubana la elegancia y la educación con que han hecho participar a gente del público, sin ridiculizarlo ni hacer burla de nadie, como suele ocurrir en muchos espectáculos donde se requiere la participación de alguno o varios espectadores. Felicidades, La Cubana.

Alicia: Un buen espectáculo con sorpresa al inicio haciendo creer que ya había acabado la representación, cuando en realidad sólo había empezado. Original lo de repartir bocadillos y la participación del público. Fantástico.

Juan: No está mal, es entretenido, pero lo que no veo justo es que empiece una hora antes de la hora que pone, es todo muy desconcertante, no me lo esperaba así, por momentos parece todo ridículo.

Jorge: Super chulo. Yo fui con mi pareja y lo pasamos realmente bien. Lo recomiendo a todo el mundo, a mayores, jóvenes y niños. Será una velada inolvidable.

5a Escribe una crítica sobre *Cómeme el coco, negro* para un periódico imaginario. Escribe de 200 a 300 palabras utilizando la información de los ejercicios 4a y 4b. Debes incluir:

• la hora de inicio y la reacción del público

• algo bueno, algo malo y algo sorprendente

• la opinión general del público

5b "El teatro es una afición sólo para ricos" ¿Tú qué opinas? Discute con un(a) compañero/a.

Frases clave

los precios	A mi parecer …
las obras	Bajo mi punto de vista …
la publicidad	(No) estoy de acuerdo …
el público	Es imprescindible …
los teatros	A mi juicio …

Cinematografía y artes visuales

◆ *Sea delante de una pantalla, de una pintura, de un edificio o de una escultura nuestra opinión empieza con una mirada.*

1a  Escucha a los entrevistados. ¿Es el graffiti una forma de vandalismo o es arte?

1b Escucha de nuevo. ¿Quién dice que …?

a el graffiti es una forma de contaminación.

b se para a veces para admirar los murales.

c hay graffiti que es vandalismo y hay graffiti que es arte.

d la rebeldía es un factor importante.

e las autoridades apoyan algunos aspectos del graffiti.

f es una violación de los derechos a la propiedad privada.

g el graffiti es el reflejo del entorno del autor.

h es un elemento esencial de su existencia.

i la concentración de buen graffiti en una misma zona puede ser impresionante.

j no hay otro lugar donde expresar sus sentimientos.

1c Lee estas dos afirmaciones y defiende una de las dos frente a un(a) compañero/a o tu profesor(a).

El graffiti

Gramática ➡ 125 ➡ W10

Position of adjectives

As you know, in Spanish adjectives must agree in gender and number with the noun they modify. Usually they follow the noun but they can also appear before when they express:

● an inherent characteristic and do not add new information about the noun:
*el **valiente** caballero*   the brave knight

● a subjective judgement of the speaker: bueno, malo, mejor, peor … etc
*Elaboraron un **buen** diseño.*
They produced a good design.

● quantity: mucho, poco, bastante, suficiente, alguno, ninguno, ambos, varios, primero … etc.
*¿Hay **algún** museo cerca?*
Is there a museum nearby?
Note: these lose their final -o if applicable, before a masculine singular noun.

In some cases the meaning of adjectives changes depending on their position:
Visité mi antiguo taller.
I visited my former workshop.
Los lienzos eran antiguos.
The paintings were ancient.

A Read the texts A and B in exercise 2 and identify the meaning of the underlined adjectives. Make up a grid and learn their different meanings.

Adjective	before noun	after noun
antiguo	former	old, ancient

When there is more than one adjective:
● Observe the rules above to decide if any of the adjectives must go before the noun.
● If they are of equal importance join them with *y* or *e* and place them after the noun.

En una sociedad civilizada como la nuestra parece imposible que todavía exista vandalismo de esta clase. Los que se dedican al graffiti no tienen modales ni consideración por nada ni nadie y les impulsa el egoísmo.

Es imprescindible que los jóvenes puedan exteriorizar lo que sienten de maneras no violentas. Además, actualmente el arte en sí se desarrolla de maneras poco convencionales y el graffiti es indiscutiblemente una de sus formas.

2 Lee las descripciones. ¿Cuál es la descripción – A or B?

Una estatua representando a una figura solitaria montada a caballo es una imagen común, ¿verdad?

A Me acuerdo de una del <u>mismo</u> Bolívar montando a caballo en París – está hecha de cobre <u>puro</u> pero estaba tan sucia que parecía toda negra y no representaba a un libertador triunfal sino que parecía muy triste. Menos mal que no sé quién era el <u>pobre</u> escultor.

B Esta <u>gran</u> figura es negra también pero pulida y reluciente. También está a caballo pero no sé si es un chico o un adulto. De todos modos es gordito, lo mismo que el caballo que me parece algo deformado con las patas <u>grandes</u>. A lo mejor es el hijo de Botero, el escultor <u>mismo</u>, que es colombiano. Lo vi en Copenhague en Dinamarca.

Los Peines del Viento por Eduardo Chillida

3a  Escucha y contesta a las preguntas:

1 ¿Por qué es representativo el año 2002?
2 ¿Por qué se le conoce como rebelde?
3 ¿A qué hace alusión *Los Peines del Viento*?
4 ¿Qué dos condiciones climáticas se requieren para su mejor apreciación?
5 ¿Qué efecto producen en estas circunstancias?

3b Escribe un comentario parecido a los del ejercicio 2 para la obra de Eduardo Chillida. Utiliza el vocabulario de abajo.

> el uso   la forma   el tamaño
> el subconsciente   la representación
> abstracto   insólito   sorprendente

4a Lee la sinopsis de la película *El Orfanato* y encuentra las palabras o frases que significan:

> well known   great sentimental value
> disturbing   threatened   the main character
> unravel

4b Completa las frases.

1 Juan Antonio Bayona es …
2 Belén Rueda interpreta el papel de …
3 El sueño de Laura es …
4 En el orfanato el hijo de Laura …
5 La protagonista necesita ayuda porque …
6 El papel de los parapsicólogos es …

El Orfanato

Es una historia de amor y terror dirigida por Juan Antonio Bayona. En ella la conocida actriz Belén Rueda, que interpreta a Laura, compra un orfanato que tiene gran valor sentimental para ella con el sueño de restaurarlo y reabrirlo para niños discapacitados. Una vez allí Laura descubre que el lugar ha despertado la imaginación de su hijo y los juegos con su amigo invisible pronto se convierten en algo más inquietante. Al ver a su familia amenazada, la protagonista busca la ayuda de un grupo de parapsicólogos para que la ayuden a desentrañar el misterio.

5 Tu turno. Escribe una sinopsis de la última película que hayas visto. Utiliza como máximo 100 palabras.

◆ *La música y el baile son un lenguaje universal.*

El estallido del reggaeton

Los amantes de este nuevo movimiento musical <u>se ven inundados de críticas</u> y ya los gobiernos y medios de comunicación de varios países han empezado a censurar canciones y vídeos debido a su contenido explícito.

Panameños y puertorriqueños ambos reclaman ser los creadores de este nuevo ritmo, así nombrado por la influencia del reggae jamaicano y <u>que arrasa en las comunidades latinas</u> de América del Norte y en todos los países hispanohablantes.

El reggaeton atrae principalmente a la juventud urbana. <u>Sus letras pegadizas</u> y simples generalmente tratan de racismo, crimen y violencia y son a menudo machistas, vulgares y con abundantes alusiones al sexo que generalmente discriminan a la mujer, <u>tratándola de un modo denigrante</u> y como un objeto puramente sexual.

También 'el perreo', la forma de bailar reggaeton así nombrada por su evocación a posiciones sexuales ha sido causa de grandes debates, y mientras los jóvenes perrean en fiestas y discotecas sin pudor, tarareando las canciones, los adultos no entienden cómo éstos – y particularmente éstas – pueden acoger esta moda, ignorando las letras llenas de obscenidades y que demuestran una total falta de respeto por la mujer.

A pesar de todo, la explosión del reggaeton hace pensar que quizás este género incluso <u>llegue a eclipsar a la salsa</u>, el merengue y el pop latino.

1a Lee el texto y contesta a las preguntas.

1 ¿Qué es el reggaeton?

2 ¿De dónde proviene?

3 ¿Qué tipo de acogida ha recibido?

4 ¿Por qué las canciones provocan mucha controversia?

5 ¿Qué es el perreo? ¿Por qué es tan criticado?

6 ¿Por qué se mencionan la salsa, el merengue y el pop latino?

1b Explica en español lo que significan las expresiones subrayadas del texto. Utiliza tus propias palabras.

2 Lee estas afirmaciones. ¿Estás de acuerdo? Justifica tu punto de vista.

> 1 *Sólo son canciones y su letra no tiene mucha importancia, no se qué problema tiene la gente, si no les gusta que no lo escuchen.*

> 2 *Me escandaliza cuando oigo que mi hija de 13 años tararea reggaeton del fuerte mientras escucha la radio. Los medios de comunicación son unos irresponsables. ¡Debería estar prohibido!*

> 3 *Estas canciones no tienen la intención de ofender, sólo son una manera relajada y divertida de representar una sociedad más abierta donde el sexo ya no es pecado.*

> 4 *Me enfurece cuando veo a los jóvenes perreando. Después nos quejamos de que hay asaltos y violaciones.*

3a Escucha el clip y contesta a las preguntas en inglés.

1 Who is Ivy Queen?

2 How does her style differ from the most common form of reggaeton?

3 What is similar?

4 What does she sing about?

5 What seems to be a problem in her country?

3b Escucha otra vez y completa las frases.

1 El estilo de Ivy Queen es menos …

2 Ha conseguido éxito con letras sobre …

3 En sus canciones reivindica …

4a ¿Qué cantantes conoces que canten en español? ¿Te gusta su música? Discute con tus compañeros/as.

4b Debate en clase. "Los cantantes hispanohablantes no deberían cantar en inglés." ¿Estás de acuerdo? Reflexiona sobre estos temas:

- factores económicos
- el conocimiento del idioma
- la traducción
- pérdida de identidad
- competición
- fans

5 Traduce el texto al español.

> **Cordoba guitar festival**
>
> Again Cordoba becomes 'guitar city' for one more summer. Thanks to the quality of the performers that take part, this festival in honour of the guitar has gained international fame.
>
> During the festival there is room for everything: from courses about guitar building to learning to play the classical guitar or the *guitarra flamenca* to the opportunity of learning to dance flamenco or to take part in music contests.
>
> The programme also includes fantastic concerts and performances of jazz, modern and classical guitar.

6a Lee el texto y contesta a las preguntas.

1 ¿De dónde es Joaquín Cortés?
2 ¿Cuánto tiempo hacía que no bailaba en su país?
3 ¿Cuál es su primera cita en España?
4 ¿Qué caracteriza la ropa que lleva en el espectáculo?
5 ¿Qué pasó en Nueva York?

> ## Mi soledad
>
> Después de tres años de ausencia, por fin el cordobés Joaquín Cortés actúa en España delante de ocho mil espectadores en el palacio Vistalegre de Madrid.
>
> En su espectáculo *Mi Soledad* baila solo, acompañado por un total de dieciocho músicos y cantaores. Su vestuario diseñado por Jean-Paul Gaultier, su porte elegante y evocador, su virtuosísima técnica, y la adrenalina que emanan sus palmas y tacones le confirman como una estrella de las masas.
>
> La desilusión de miles de neoyorquinos e ingleses fue patente cuando el bailaor flamenco, celebrado internacionalmente, tuvo que cancelar algunas de sus citas por circunstancias familiares.

6b Escucha a esta fan de Joaquín Cortés. Contesta a las preguntas en inglés. Menciona dos datos en cada respuesta.

1 Why is she grateful?
2 What part does dancing play in her life?
3 What happens when he starts to dance?
4 How does she describe the show?

7 Eres uno de los londinenses que tenía entrada para uno de los espectáculos cancelados. Escribe una carta al director artístico de Joaquín Cortés donde menciones:

- la decepción que sentiste al saber de la cancelación
- por qué tenías ganas de ver el espectáculo
- que entiendes que la familia es importante y les deseas lo mejor
- tu interés por conocer otras fechas y lugares donde ver el espectáculo

- *Revisa la sección de técnica en la página 101 de Ánimo 1 para recordar las convenciones para escribir cartas formales.*

¡Atención, examen!

Gramática ➡138 ➡W62, 11

The passive voice

● Remember that the active voice is used more than the passive, which is mainly found in formal contexts such as newspaper reports or legal texts.

● It consists of a form of *ser* + the past participle which must agree in gender and number with the subject of the sentence.
La pintura fue robada por los ladrones.
The painting was stolen by the thieves.

● Often the passive formed by *se* + third person is used to deemphasise the subject:
El presentador dio los premios.
The host gave out the awards.
Los premios fueron dados por el presentador.
The awards were given by the host.
Se dieron los premios.
The awards were given out.

● When transferring a sentence from the active voice to the passive or vice versa, you need to maintain the tense to avoid losing the meaning. Compare the examples above to these:
El presentador va a dar los premios.
Los premios van a ser dados por el presentador.
Se van a dar los premios.

A Rewrite these sentences in the active voice.

1 *La Catedral del Mar* fue escrita por Ildefonso Falcones.

2 Sin duda Bardem será nominado de nuevo para los Oscar.

3 Muchos nuevos cantantes han sido lanzados a la fama por *Operación Triunfo*.

B Write this text in the active voice.

"Estopa" arrasa de nuevo

Su quinto disco es lanzado por los hermanos David y José Muñoz, conocidos extensamente como el dúo Estopa.

Trabajaban en la fábrica de Seat de Barcelona cuando, tras escuchar una maqueta de su canción "La raja de tu falda", una oportunidad les fue dada por la discográfica BMG/Ariola.

Con el apoyo de la discográfica más de un millón de copias de su álbum de debut fueron vendidas y su éxito continúa.

C Now write this text in the passive voice.

Serrat y Sabina apoyan la Fundación "Chespirito"

Las impresiones de las manos de los cantantes españoles, Serrat y Sabina, se subastarán a beneficio de la fundación del actor mexicano "Chespirito".

El dinero que se recaude en la subasta benéfica se destinará a tres proyectos por la salud, la educación y la integración familiar de niños y jóvenes sin recursos.

The superlative

● Superlatives express the quality of the adjective to its maximum degree.

● Use **más** + adjective + **de** or **menos** + adjective + **de**:
*Estos fueron los días **más felices de** su vida.*
These were the **happiest** days **of** his life.

● Some adjectives have irregular comparative and superlative forms:
bueno → mejor → el/la mejor de

D Write the superlative of these adjectives:
malo   grande   pequeño   viejo

● The Spanish suffix -ísimo, adds the idea of 'very' to the adjective. This is called the absolute superlative.
moderno → modernísimo

E Write the absolute superlative of these adjectives. Beware of spelling changes.
lindo   fácil   rico   largo   viejo   interesante

Remember:
Exchange simple adjectives for other more sophisticated ones to improve the quality of your work.

● Use a synonyms and antonyms dictionary such as WordReference.com

F Revisit exercise 4b on page 73:
• List all the adjectives that you can find in the overall task.
• Find a synonym and an antonym for each, either within the text or by using a dictionary.
• Memorise at least 10 of the adjectives that you would not normally use.

Técnica

Researching and planning your work

Before you start:

– check the exam specification for details of what is required, for example the number of words.

– choose a topic or aspect which you are familiar with and know you can find enough up-to-date information about.

Researching

DON'Ts

◆ Do not get sidetracked searching the net.

◆ Do not use English source material as it is counter productive because it doesn't allow you to broaden the scope of your Spanish vocabulary and syntax.

◆ Do not limit your search to one source. Your findings in Wikipedia are not enough!

DO's

◆ Start with any information you already have, listing materials and ideas.

◆ Organise your note-taking carefully, making sure you identify all source materials precisely.

◆ List exactly what you want to find out and beware of spending too much time trawling the Internet. Think about and note down the specific aspects you want to research and stick with them.

◆ Keep a bibliography of all website addresses and sources of information with dates and page references or add them to your online favourites for the foreseeable future.

◆ Write notes in Spanish making sure you build up a variety of language and vocabulary without it being too technical and abstruse. Remember you have to understand what you have written!

◆ The materials you choose should give you plenty of scope to be able to draw conclusions after a careful examination of the evidence contained in them.

◆ Acknowledge all quotations with footnotes.

1 Choose three authors or works of art mentioned in exercise 1 on page 71. Use www.google.es to find at least two relevant articles for each of your choices. Make sure your articles bring in a different aspect or additional information.

2 From the information that you found, devise a title for a possible essay for each one. Make sure your title has a definite focus or angle to it. It is often easier if it asks a question which you can then proceed to answer with lots of examples and opinions.

Planning

DON'Ts

◆ Do not start writing without a CLEAR plan.

DO's

◆ Decide on the format and style of your presentation so that you build this into the plan.

◆ Remind yourself about ways of organising ideas and facts for a structured response by looking at *Ánimo 1*, page 105.

◆ Show that you have constructed a reasoned, logical and independent analysis of the chosen aspect.

◆ Make sure it shows you are well informed and gives a range of opinions and observations.

◆ Ask yourself whether you have evaluated, analysed and interpreted all the sources and evidence.

◆ Construct a simple, clear diagram which links ideas together and follows a logical sequence. To ensure you maintain a balance, work out the number of words for each section in relation to the total you are required to write.

◆ **Title**

◆ **Introduction:** State your overall response to the main thesis and ideas. Keep it brief and to the point.

◆ **Main Body:**

– two sides of an argument evenly balanced out

– personal viewpoint developed with alternative viewpoints stated in brief

– developed analysis of a situation/event/ character

◆ **Conclusion:** Restate your considered judgement of the question concisely.

3 Construct a plan in diagram form for the essay titles you chose for exercise 2.

4 Choose one of the titles and write 250–400 words following the guidelines above and your plan.

Caminante

Caminante, son tus huellas
el camino, y nada más;
caminante, no hay camino,
se hace camino al andar.
Al andar se hace camino,
y al volver la vista atrás
se ve la senda★ que nunca
se ha de pisar.
Caminante, no hay camino,
sino estelas★ en la mar.

Antonio Machado (1875–1939)

★ senda: camino estrecho   ★ estela: rastro o huella

1a Escucha el programa sobre las artes y decide si el museo les gusta, no les gusta o les resulta indiferente – y por qué.

1b Escucha otra vez y completa las frases. Sobran dos letras.

1 Los entrevistados acaban de …

2 La primera señora habla …

3 La segunda persona prefiere …

4 El señor entrevistado parece estar …

5 Todos parecen reconocer …

6 La última entrevistada cree que …

a … muy orgulloso del museo.

b … le gustan los baños de mármol.

c … de todo menos de los cuadros.

d … visitar el museo Picasso.

e … la ciudad tiene un tesoro cultural.

f … el estilo de otro pintor.

g … no había visto los cuadros antes.

h … el genio del gran pintor.

2a Machado es quizás el poeta español más popular incluso en la actualidad. Su poema *Caminante* se ha convertido en un proverbio. Léelo. ¿De qué crees que habla?

2b Discute con tus compañeros/as. Las palabras de abajo te pueden dar ideas, busca su significado si no lo conoces.

- ¿A qué se refiere cuando dice "son *tus* huellas el camino y nada más"?
- ¿A qué se refiere cuando dice "no hay camino, se hace camino al andar"?
- ¿A qué se refiere cuando dice "al volver la vista atrás se ve la senda que nunca se ha de pisar"?
- ¿Por qué dice "no hay camino, sino estelas en el mar"?

Frases clave

responsabilidad	duradero
remordimientos	temporal
individuo	propio
identidad	predeterminado
destino	arrepentirse
influencia	cambiar

3 Reflexiona sobre la discusión del ejercicio 2b y escribe un resumen de no más de 100 palabras donde propongas tu propia interpretación del poema.

8 Política y polémicas globales

1a Identifica los temas del dibujo.

1b Añade otros temas polémicos.

- la falta de agua
- la venta de armas
- los derechos humanos
- la crisis energética
- la hambruna
- el (narco) terrorismo
- la deuda
- la destrucción del medio ambiente
- las pandemias
- las drogas
- la apatía política

CUANDO YO SEA GRANDE QUIERO QUE EL MUNDO TODAVÍA ESTÉ AQUÍ

1c Discute con un(a) compañero/a:

1 ¿Cuál de todos los temas es el más urgente? Justifica tu opinión.

2 En tu opinión, ¿cómo puede influir el individuo sobre el estado? Explica.

3 ¿Contra qué estarías tú dispuesto/a a protestar? Describe lo que harías.

Frases clave

Lo que más/menos me preocupa/inquieta es …
Creo que es …
No creo que sea …
Lo mejor/lo peor de …
En cuanto a mí …
A mi modo de ver …

La evolución política

◆ *España una y varias a la vez – ¿un país 'indivisible'?*

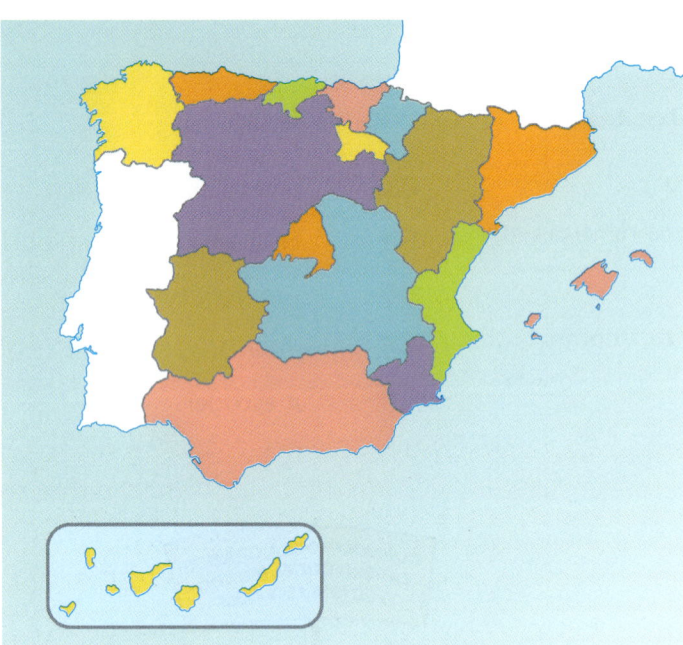

1a Antes de leer el texto, repasa todas las estrategias desarrolladas en las secciones técnicas.

1b El texto tiene una actitud bien definida hacia la constitución. Identifica las frases que indican una actitud positiva y otra negativa.

1c Escoge las frases y palabras que indican que el texto se escribió para explicar la constitución a un público joven.

2a Escucha a Javi y a Inma. Escoge una frase para completar lo que dice cada uno. Usa la lógica.

   a … entonces en lugar de acercar la democracia a los ciudadanos, la constitución crea confusión y desigualdad.

   b … entonces las ambiciones nacionalistas se definen como ilegales, un delito contra la constitución y el estado.

   c … entonces reconocemos que la constitución es una solución a la vez prudente y audaz que resuelve la tensión entre el estado central y las aspiraciones regionales.

2b Explica a un(a) compañero/a en qué discrepan Javi e Inma con el autor del texto sobre la constitución.

3 Con un(a) compañero/a analiza cada párrafo. Decide qué frases son demasiado simplistas.

Ejemplo: Aquí dice que la solución fue brillante, pero …

La Constitución de 1978

Como ya hemos establecido, la nación española se formó a partir de distintas comunidades que llegaron a unirse en un estado-nación, donde las lenguas, costumbres y tradiciones enriquecen la personalidad de nuestra España actual. ¿No es así?

Claro, hubo momentos difíciles en el proceso de unificación cuando los llamados 'movimientos nacionalistas' no respetaban las características locales. ¿Qué os parece?

Así entenderéis mejor por qué la Constitución insiste en la unidad de España y a la vez permite la autonomía de las comunidades. En primer lugar se establece que el estado-nación es indivisible e indisoluble y que ninguna parte de España puede separarse del país, ¿vale?

Esta solución brillante debe su éxito innegable a los diputados y senadores de 1977, que lejos de tener un modelo que podían copiar, 'inventaron' esta solución para España. ¡Qué tal!

Sin ánimo de dictaminar la forma de gobierno para cada rincón del país, la Constitución estableció las normas y el proceso democrático y luego cada región decidió por sí misma los valores y las prioridades que querían acordar. Normal, ¿no?

De este modo, cada territorio elaboró sus propios Estatutos para definir sus instituciones de autogobierno. Siguieron el modelo del estado nacional, eligiendo Presidentes y Parlamentos. En 1983, cuando se cerró el proceso, 17 comunidades habían accedido a la autonomía. A ver, ¿cuáles son?

Al principio parecía una revolución total, pero hoy en día no se puede entender la democracia española sin las Comunidades Autónomas, ¿verdad?

4a Escucha e identifica:

- la región de cada persona   • el tema

4b Escucha otra vez y completa las frases con los verbos de abajo.

1 Paco se quedará frustrado hasta que .... las playas de Galicia.

2 Elena estará más contenta en cuanto .... el uso de pesticidas.

3 Enrique quiere que el gobierno .... a los del puerto a controlar a los inmigrantes cuando .... ilegalmente.

4 Sebas y María seguirán siendo rivales mientras que .... con los arquetipos regionales.

5 Nuria estará menos triste tan pronto como .... renacer los bosques.

> entren   vea   controlen   se sigan
> se hayan limpiado   ayude

4c Anota las palabras o frases que corresponden a las siguientes frases inglesas.

1 As they know full well

2 Taken away our livelihood

3 More control is needed

4 In the long run

5 It's not only our problem

6 The level of unemployment/birth rate

7 So long as we carry on with

8 We've covered almost all of Spain

4d ¿Existen diferencias entre las distintas regiones de tu país? Escribe una lista de regiones y añade un comentario tuyo a cada una.

4e Debate de clase: "En la variedad está el gusto." Menciona las diferencias entre las regiones de España.

5 Regionalismo versus centralismo: ¿Qué entiendes por el título? ¿Cuál te parece mejor? ¿Por qué? Escribe unas 150–200 palabras.

6a Lee los comentarios. ¿Qué cambios políticos han visto en su vida?

6b ¿Quién menciona los siguientes temas?

> **Dinero**   **Terrorismo**
> **Igualdad**   **El pasado**
> **Guerra**   **Las CCAA**
> **Inmigración**

6c ¿Tienen una actitud positiva o negativa hacia los cambios?

Ha habido muchos cambios sociales durante los ochenta y pico años de mi vida pero lo que más me aterra es que haya leyes que permitan el matrimonio entre dos hombres o mujeres …
Don Enrique

Pues yo soy bastante liberal en mis actitudes pero conceder una amnistía a los inmigrantes y que tengan residencia sin más ni menos me parece el colmo.
Fabiola

Hay muchos a quienes les disgusta la idea de dialogar con terroristas pero a mi modo de ver demuestra la fuerza de nuestro sistema democrático y respaldo al Presidente en su intento.
Sergio

Felicito al gobierno por todo lo que hace para las mujeres y la familia porque el porvenir del país depende de la próxima generación – esto de dar bajas de maternidad y paternidad es estupendo.
Jesús (abuelo)

Todos tenemos derecho a protestar y por eso no comprendo el porqué de esta nueva ley que prohíbe conmemorar la muerte de Franco y al mismo tiempo confía en que podamos enfrentarnos al recuerdo de la Guerra Civil.
Doña Pepa

Para mí lo del salario mínimo es el mejor regalo que nos ha dado la UE, además de financiar carreteras y ferrocarriles nuevos.   *Omar*

El problema más peliagudo para el gobierno es el del centralismo versus regionalismo; ¿hasta qué punto pueden ceder autonomía a las comunidades históricas como Cataluña y el País Vasco y no al resto?
Maite

7 Busca datos sobre uno de los temas de arriba y haz una presentación oral a la clase.

La democracia y el individuo

◆ *Donde empieza el estado, termina el hombre.*

1 Lee las dos opiniones, luego tradúcelas al inglés.

1 Pues los seres humanos nunca podremos estar de acuerdo en todo y sólo la tolerancia de las ideas contrarias permite la convivencia.

2 En el respeto de la palabra y la opinión de la oposición es donde se mide si vivimos en una tiranía disimulada o en una democracia.

2a Escucha la discusión. ¿En qué orden se expresan estos puntos de vista?

a Tropas españolas retiradas de Irak

b La cárcel de Guantánamo es ilegal e inhumana

c No más corridas en la tele

d Nueva ley insiste en llevar el casco

e Se acabó la mili obligatoria

f La juventud y el botellón

g Pandillas antisociales

h La brecha generacional

2b Haz una lista de las frases o palabras que indican **acuerdo** y **desacuerdo**.

2c ¿Estás de acuerdo con los puntos de vista expresados? Explica por qué sí o no.

2d Escucha otra vez los ejemplos en 2a y, con la ayuda de tu lista de 2b, discute los temas con un(a) compañero/a.

3 ¿Qué deberían hacer los partidos políticos para conectar más con las jóvenes generaciones? Escribe unas 150 palabras. Considera:

• el vocabulario usado

• la clase de información

• la influencia de los medios

4a Lee el texto y contesta a las preguntas.

¿Una lección oportuna?

Las elecciones del 2004 y 2008 en España permiten establecer una comparación entre las ventajas de un *régimen parlamentario* frente a uno presidencial. La pregunta que marca la diferencia **esencial** entre ambos regímenes es: ¿Cómo se define la voluntad del estado para actuar? Si es presidencial siempre *depende mucho más de la voluntad* y las posibilidades de actuación de una sola persona. En cambio si es parlamentario siempre se caracteriza por un intercambio público de argumentos y réplicas en el parlamento.

La mayor virtud del sistema parlamentario radica en que los poderes públicos tienen que buscar y **encontrar** juntos el camino que persiguen a través de la reflexión, la discusión, la deliberación y el control. Además, el régimen parlamentario modifica el comportamiento de responsabilidad e *intercambio político*. La representación popular es la norma y los partidos deben ser los canales de expresión que ayuden a cristalizar y a **hacer explícitos** los intereses contrapuestos, animando a los ciudadanos a aliarse entre sí y a *establecer prioridades*.

Por último, los regímenes parlamentarios regulan **la acción** de los partidos y requieren ejercer controles porque el carácter democrático no proviene del cumplimiento de las leyes, sino de la existencia de una oposición política y de **la manera** en que se ejerce esa oposición.

En España el parlamentarismo que ha regido últimamente ha demostrado ser el mejor antídoto contra la arrogancia y el autoritarismo que se incuba en el poder.

1 ¿Cómo distingue el autor entre el régimen parlamentario y el régimen presidencial?

2 Según el autor ¿cuál es la mayor virtud del sistema parlamentario?

3 ¿Qué otras características destacan?

4 ¿Cómo define el carácter democrático?

5 ¿Qué significa la última frase?

4b Escribe sinónimos para las palabras o frases **resaltadas en negrita**.

4c Escribe las frases subrayadas con tus propias palabras.

4d Escribe una definición o una explicación de las frases *en cursiva*.

5a Escucha cuantas veces sea necesario y decide cuál de las protestas se refiere a:

a una marcha contra una iniciativa del gobierno

b un movimiento en respuesta a un desastre ecológico

c una campaña contra la influencia de la televisión

5b Toma nota de:

a el lema de la campaña

b el nombre de lo que denuncian

5c Busca sinónimos para las siguientes palabras que se repiten varias veces.

1 manifiesta **4** necesidad

2 unir **5** denunciar

3 organizar

5d Escribe las siguientes frases usando otras palabras:

1 El movimiento nació de la necesidad frente al desastre.

2 La campaña publicó un manifiesto donde denunció la rentabilidad de la cultura.

3 Organizaron una manifestación uniendo a representantes de diferentes campañas.

6a Mira las fotos de abajo y describe lo que pasa a un(a) compañero/a.

6b Lee el párrafo y comenta sobre los siguientes puntos:

1 el impacto de estas palabras

2 la importancia del sistema democrático

3 la eficacia de una protesta silenciosa

"Apelo a todos los que quieren demostrar su solidaridad con mi padre y con nuestro dolor a que salgan a votar en masa … y que digan a los asesinos que no vamos a dar ni un paso hacia atrás."

7 Escribe 150 palabras sobre el tema: "El derecho a manifestar nuestra oposición es tan fundamental para la democracia como el voto." Utiliza ejemplos de campañas de protesta en España y cualquier ejemplo reciente que conozcas.

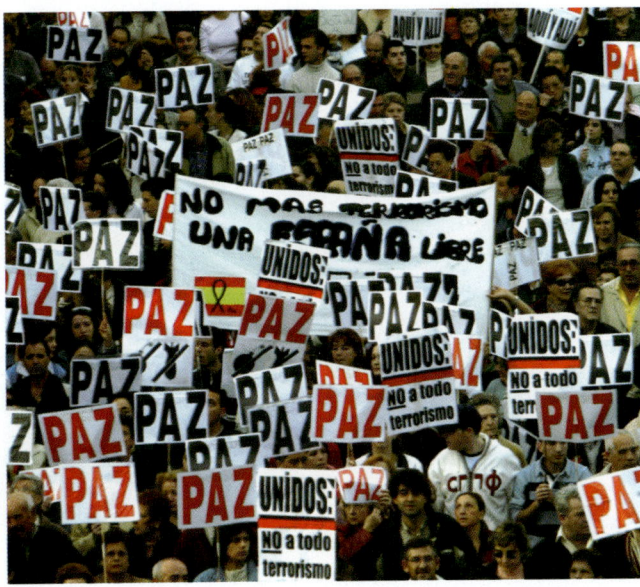

Guerra y terrorismo

◆ *La fuerza destructiva de guerras y terrorismo sigue su rumbo desolador e incontrolable.*

1a Lee el texto. ¿En qué orden se mencionan los siguientes temas?

a el perfil	**c** la publicidad	**e** el disfraz	**g** Atocha
b los objetivos	**d** dos edificios	**f** ETA	**h** el tercer milenio

1b Escribe una frase para explicar cada tema.

... y las pautas del terrorismo ...

Hoy por hoy el terrorismo depende más que nunca de la **cantidad** de publicidad que reciba; busca el mayor impacto atraves de los medios. Además trata de disfrazarse con caras tan diversas como de extrema izquierda, católicos contra **protestantes**, fascismo, nazismo, anarquistas o **falangistas** – todos son grupos que fomentan el **terror** para amedrentar a sus **opositores** y resulta imposible darles un solo nombre o reducirles a una sola ideología.

Desgraciadamente a España le ha tocado bastante violencia a **manos** de los **terroristas** desde la bomba lanzada por un **anarquista** en 1893 en el Gran Teatro del Liceo de Barcelona, símbolo de la burguesía catalana, hasta el atentado contra el rey Alfonso XIII el 13 de mayo de 1906 cuando se casó con la princesa Victoria Eugenia de Battenberg.

En agosto de 1968, cuando mataron al jefe de la Brigada Social de San Sebastián, comenzó el período de **brutalidad** terrorista de ETA. Tras la matanza en el supermercado Hipercor en junio de 1987, el pueblo español manifestó su rechazo total contra los actos violentos.

La terrible **masacre** de Atocha el 11 de marzo de 2004, que se saldó con 192 muertos y 1.500 heridos, sólo sirvió para confirmar la repulsa nacional por los actos terroristas.

Es imposible describir el **perfil** psicológico de los terroristas porque sus personalidades son tan dispares como los objetivos que persiguen.

A comienzos del tercer milenio la violencia se internacionaliza con el tráfico de armas y el narcotráfico, de tal forma que se ha convertido en un problema complejo y aparentemente irresoluble.

Por si fuera poco, la violencia adquiere otra dimensión cuando se recurre a las **armas** de destrucción masiva, químicas o nucleares. Ya es hora de que se potencie la cooperación internacional en la lucha contra el terrorismo global.

1c ¿Los sustantivos **resaltados en negrita** son regulares o irregulares?

1d Escoge un ejemplo de cada tiempo y forma verbal del texto y escribe una lista.

1e Busca en el texto frases que signifiquen:

a more than ever

b tries to disguise itself

c in order to terrify

d had its fair share

e as if that weren't enough

2 Debate de clase: ¿Se puede justificar una acción violenta e indiscriminada para alcanzar ciertos fines políticos? Considera:

- el público inocente
- el impacto negativo del miedo
- el radicalismo

3 Busca más datos sobre ETA y prepara una presentación oral. Incluye datos sobre:

- sus orígenes
- su meta
- consecuencias de sus acciones.

4a Escucha el noticiero, escribe de qué conflicto se trata y añade algunos datos más para cada uno.

4b Escribe un párrafo breve dando tu opinión sobre el último conflicto. Busca más información en Internet si fuera necesario.

5a Escucha el reportaje cuantas veces sea necesario y reorganiza los puntos clave de abajo.

a los autores

b los derechos humanos

c Núremberg

d las fotos

e normas

f la nueva doctrina

g el texto celebrado

5b Escribe una frase completa que resuma cada punto.

5c Traduce las frases al español.

1 There exists a set of international rules which were established over 60 years ago.

2 It is absolutely essential that every country understand and respect human rights.

3 The atrocities of war are so evident all over the world today.

4 No one should turn a blind eye to the torture and crimes against humanity which some governments perpetrate against prisoners of war.

6a Mira las imágenes de abajo y discute las siguientes frases con un(a) compañero/a.

- "La dignidad esencial del ser humano, la igualdad fundamental de todos los hombres y los derechos inalienables a la libertad, la justicia y a una oportunidad justa" (Jefferson, *Declaración de Independencia*)

- De los dilemas a los que se enfrentan las democracias en la lucha contra el terrorismo resalta el diálogo con los terroristas.

6b Compara las imágenes. ¿Qué opinas? ¿Qué impacto tiene la violencia sobre la ciudadanía?

7 Escribe unas 250 palabras sobre el siguiente tema: La guerra no es más que un fracaso, el gran fracaso de la razón, de los sentimientos, y sobre todo, de la humanidad.

¡Atención, examen!

Gramática ➡137 ➡W53, 72

More subtle uses of the subjunctive

A Study these examples of alternative ways to ask someone to do something.

- use the subjunctive of the *nosotros* form of the verb to say 'let's' or 'let's not'
  hagamos – no hagamos; seamos – no seamos; but vámonos – no vayamos

- use *que* plus the subjunctive form of the person involved
  que hagan esto – que no hagan lo otro

- use *quisiera* + infinitive to make polite requests
  Quisiera pedirle un favor.

B Use the subjunctive when **the subject** of the two verbs is **different** with conjunctions expressing:

- purpose (so that … in order to …) – but not result
  para que, a fin de que, de manera que, de modo que
  Te llamé para que estuvieras listo a tiempo.
  Te llamaré a fin de que estés listo cuando llegue.
  Puse el cuadro aquí para que todos lo vieran al entrar but … así que todos lo vieron al entrar.

- concessions and conditions – provided that, unless
  con tal de que, a menos que, sin que, siempre que

- with impersonal verbs which do not indicate certainty
  Basta (con) que …   Es (será, sería) mejor que …
  Es hora de que …   Puede ser que …

- with impersonal verbs with adjectives
  Es importante que …   Es necesario que …

- with relative clauses where there is an element of doubt because the person referred to has not yet been identified and maybe doesn't even exist.

Consider the difference between 1 and 2:

1 *¿Conoces a alguien que me pueda ayudar?*
  Busco una persona que sepa reparar la máquina. (no personal *a* is required here).

2 *Sí conozco a alguien que puede ayudar.* (you know the person exists)
  Busco al hombre que sabe reparar la máquina. (you know the man who can repair it)

Don't forget when you make a sentence negative this often gives it an element of doubt so use the subjunctive and in this case you also need a personal *a* as well.

No, lo siento pero no conozco a nadie que pueda ayudar/que sepa hacerlo.

C You also use the subjunctive in main clauses after:

  ojalá, tal vez, quizás, como si, aunque

- with words ending in *-quiera*
  cualquiera, dondequiera, comoquiera

- with set phrases
  digan lo que digan, pase lo que pase, sea como sea

por and para

These both mean 'for' but they are used quite differently.

Por
- in exchange for
- reason (because of, on account of)
- on behalf of, for the sake of, in favour of
- along, by, through
- length of time intended (but it is often better to use *durante*, especially in the past)

Para
- purpose
- destination of a person or object
- by a specific deadline

D Translate the sentences below.

1 We walked along the street admiring the shops.
2 He needs you to do this by tomorrow at the latest.
3 They decided to stay for a few days.
4 I gave her 50 euros for the bag, as a present for her birthday.
5 We have to stay indoors all because of your fault (all because of you).

Técnica

Checklist

To help you focus, make a checklist and stick to it. The best one is the one you prepare for yourself – you are more likely to follow it!

Here are a few reminders to help you:

◆ Think of the overall **sentence construction**: is it active or passive, and does it require a subjunctive?

◆ Take each **verb** and first think if it is irregular, radical changing or spelling changing. Does it take a preposition? Then ask yourself if you have written it in the correct tense. And finally check the person and ending.

◆ Look carefully at **nouns** and make sure you have the correct gender – check for singular and plural and ones that don't follow the rule of thumb.

◆ When adding **adjectives** or **replacing nouns with pronouns** check they agree – masculine, feminine, plural – and make sure they are in the correct position.

◆ Say the word aloud to check for **spelling** and **accents**.

1 Analyse these sentences and correct the deliberate mistakes. Explain what the mistakes are and how you have corrected them.

  1 Me gustaría ver tu hermano cuando es possible.

  2 Quiero hable inglesa con tú.

  3 Hacías más de media hora cuando te espero al cine.

  4 ¿De quien es los lapizes azules que Roberto trajó con ella.

  5 Mis padre insistimos que fuésemos a les visitar.

2 Translate the following sentences into Spanish.

  1 Spanish is a very useful language to learn these days.

  2 The coat you bought on the internet has just arrived.

  3 If I had known this sooner I would have helped you immediately.

  4 We had known each other for a long time before we got married.

Pitfalls in all four skills

◆ Perhaps the most important skill of all is learning and understanding how to TRANSFER your knowledge and skills. Don't learn things in isolation – try to link everything together.

◆ The four skills – listening reading speaking and writing – complement each other.

◆ First focus on the question(s) asked or the statement(s) made. Look for key words or phrases as they give you a clearer idea of what you are listening for or reading about.

◆ Think of synonyms or antonyms – words of similar or opposite meaning.

◆ Check what you have written both for accuracy of grammar and for overall sense.

◆ Don't spend more than the allocated time on a question. Check how many marks are given to help you decide how much time it is worth spending on each question.

◆ If you get stuck move on to the next section or question.

3 Write down a few specific reminders for each skill. The first one is done for you. Now think of at least two more.

Listening
• Listen to the whole recording for the overall sense of the content.

Speaking
Use the preparation time carefully:
• Establish the main arguments, themes and ideas.

When speaking:
• Remember to use words to link, sequence, contrast and balance your delivery.

Reading
• Read the whole passage for the gist and main ideas and arguments.

Writing
• Take care with tenses, especially when the sequences do not follow a similar pattern in English as they do in Spanish.

Confío.   No sé si confiar.   No confío.

1a ¿Consideras que los siguientes son motivos para confiar o para desconfiar del estado?

> la constitución   el sistema de justicia
> el medio ambiente
> las medidas contra el terrorismo   la salud

1b Escucha a Benedicto y a Emilia. Apunta en cuáles aspectos confían en el estado y en cuáles no. Puedes llenar una tabla así:

	Benedicto	Emilia
la constitución	*confía*	
el sistema de justicia		

Benedicto

Emilia

1c Escucha a Benedicto y a Emilia otra vez y apunta nombres y ejemplos concretos relevantes al estado español. Investígalos más a fondo en Internet.

2 Lee el texto y discute las siguientes preguntas con un(a) compañero/a y luego escribe una respuesta.

> ### El juez Baltasar Garzón: ¿hombre o superhombre?
>
> En su casa es un hombre educado, formal, amigo de la buena mesa, de contar chistes sin parar, que se transforma en superhéroe cuando entra en su despacho y se enfrenta con enemigos temibles.
>
> Ha sido amenazado por terroristas y narcotraficantes, desde la operación 'Nécora' en Galicia, donde fue con la Guardia Civil para detener a las mafias del crimen organizado y de los movimientos separatistas. Además, cruzó la frontera con capacidad oficial para interrogar a dirigentes de ETA detenidos por las autoridades franceses.
>
> No es menos temido por los políticos españoles; por ejemplo cuando sacó a luz el escándalo de los Grupos Antiterroristas de Liberación (GAL) que mataron a 28 sospechosos sin recurrir a las cortes.
>
> Se resiste a toda costa a que el gobierno se entrometa en el sistema de justicia. Denuncia la corrupción que pone en peligro la democracia tanto a nivel nacional como internacional – como en el caso de Pinochet.

1 Explica lo que hizo el juez en la operación 'Nécora'.

2 ¿Qué es ETA?

3 ¿Qué opinas de la relación entre el gobierno y la justicia?

4 En tu opinión, ¿qué papel debe desempeñar un juez en una democracia?

3 Prepara una presentación oral sobre una de las siguientes Comunidades Autónomas e investiga la estructura de su gobierno y cómo ha evolucionado.

Andalucía: www.andalucia.org
Cataluña: www.gencat.es
Madrid: www.comadrid.es

Menciona:

- el contexto histórico
- los cambios desde 1978
- el nivel de autonomía
- sus aspiraciones futuras
- tu opinión

1a Lee el texto y explica cuáles eran 'los descubrimientos contrarios'.

1b Traduce las frases en negrita al inglés.

> Es curioso que casi todos los momentos clave que han marcado el período temprano de la historia española han ido acompañados de descubrimientos contrarios. Por ejemplo llegaron los griegos pensando que habían descubierto la entrada al infierno bajo el peñón de Gibraltar; llegaron los romanos pensando que la punta oeste era el extremo del mundo – finis terrae; llegaron los árabes pensando que España era una isla; y finalmente tuvo lugar el descubrimiento más erróneo de todos, el de Colón, que pensaba que había descubierto otra ruta a la India. **Cada hito ha dejado su huella en las artes a lo largo de los siglos y aún hoy día los artistas deben mucho a los matices y a la fusión de su herencia cultural, sea cristiana, judía o islámica. Dos ejemplos que destacan son los estilos mozárabe – una fusión del arte cristiano con matices moros y mudéjar – el arte moro con influencias cristianas.**

2a Escucha y escribe notas en inglés sobre:

1 las siguientes cifras: 4 siglos; 1982; 1967; 70; 7; 30

2 Miguel de Cervantes

3 el género literario

4 la carta del Ministerio

5 el ambiente realista

6 el idealismo del viejo soldado

7 el tema

8 el símbolo

9 su estilo

10 el cuadro pintado

2b Contesta a las preguntas en tus propias palabras.

1 ¿Por qué le comparan con Miguel de Cervantes?

2 ¿Qué indica que se trata de una novela corta?

3 ¿Quién es el protagonista del cuento?

4 ¿Qué profesión tenía?

5 ¿Por qué crees que dice que tiene algo trágico y algo cómico?

6 ¿Cuáles son los tres temas de la novela según el comentario?

7 Anota dos datos sobre su estilo.

8 Según lo que acabas de oír, ¿por qué crees que el título de la novela es apto?

2c Busca en Internet a uno de los siguientes y presenta los datos.

Pablo Neruda, Miguel Ángel Asturias, Jorge Luis Borges, Mario Vargas Llosa, Gabriela Mistral, Isabel Allende, Laura Esquivel

Menciona:
* su contexto
* su estilo
* sus obras más importantes
* los temas

3a Estudia los cuadros y luego descríbelos en tus propias palabras. Da tu opinión.

Menciona:
* los colores
* las imágenes
* el tema o lo que cuenta
* el impacto

Dos pintores mexicanos

Diego Rivera (1886–1957)

Frida Kahlo (1907–1954)

3b Busca en Internet a Doris Salcedo y Victor Delfín. Escribe algunos datos sobre su vida y su contexto y luego describe una de sus obras y da tu opinión acerca de ella.

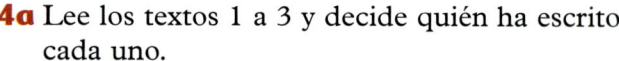

4a Lee los textos 1 a 3 y decide quién ha escrito cada uno.

Hammú piensa que el estado tiene un papel importante en la sociedad.

Lety piensa que el estado tiene algunos papeles importantes.

Alonso piensa que el papel del estado es insignificante.

4b Los textos a, b y c son la continuación de los textos 1, 2 y 3. Haz corresponder las dos partes de cada texto.

5a Traduce al español las siguientes frases sin buscar palabras en el texto.

1 The state has to keep on providing subsidies to industry.

2 The government takes on powers that could be taken up by the private sector.

3 It is the state's role to provide an infrastructure for a stable economy.

4 The efficient private sector can get rid of the incompetence of state administration.

5b Ahora escribe las mismas frases, utilizando palabras de los textos.

Ejemplo: 1   *El estado no puede dejar de subvencionar a la industria.*

5c Escribe con tus propias palabras:

1 Las funciones de los gobiernos se reducen a la irrelevancia.

2 Garantiza para todos la igualdad de oportunidades.

3 Queda fuera de la esfera de las funciones legítimas del estado.

---

1 No podemos dejar de insistir en que al estado moderno sólo le tocan tres papeles: promover la salud de la comunidad, asegurar la educación de los niños y garantizar la seguridad.

2 En nuestro mundo globalizado las funciones de los gobiernos se reducen a la irrelevancia. Todos los papeles tradicionales pueden ser asumidos por el sector privado. Si los ciudadanos quieren servicios de educación o de atención sanitaria, la realidad es que las opciones que brinda el estado no son las mejores.

3 El estado es la manifestación de la responsabilidad que los ciudadanos se deben. Es la entidad que tiene la autoridad de recaudar los impuestos de todos para beneficiar a la sociedad.

a Además, la economía está fuera de las manos del gobierno. La industria eficiente se desarrolla a escala internacional. Ante la perspectiva de su impotencia, el estado quiere arrogarse los poderes quiméricos de la política exterior, con los resultados desastrosos que vemos en las guerras y en la inseguridad mundial.

b Garantiza para todos la igualdad de oportunidades en la educación; provee una infraestructura para el transporte; suministra agua y servicios sanitarios. Invierte en las industrias nacionales para asegurar la estabilidad económica y para frenar el desempleo.

c Todo lo demás, desde la administración del servicio telefónico hasta la subvención de los agricultores, queda fuera de la esfera de las funciones legítimas del estado. La incompetencia de los gestores públicos malgasta nuestros impuestos y desprestigia al gobierno.

Patrimonio e historia

Al final de esta unidad, sabrás abordar los siguientes temas:

- historia y patrimonio hispano
- América Latina
- costumbres, tradiciones y fe religiosa

Sabrás mejor cómo:

- diferenciar los tiempos de los verbos en el pasado
- usar el tiempo pasado correcto
- escribir y comprobar una redacción en español

1a Mira las imágenes y escoge un titular para cada una.

> **a** Derrota naval
> **b** Masacre atroz
> **c** Final de la dictadura
> **d** Grito de independencia
> **e** El crisol de culturas
> **f** Año de cuatro celebraciones
> **g** La Inquisición
> **h** La Guerra Civil
> **i** Europa por fin
> **j** Descubrimiento y expulsión

1b ¿Cuántas fechas reconoces? Escucha y verifica.

1c Escucha otra vez y añade un dato más sobre cada imagen.

1d Escucha otra vez y anota un verbo en tiempo imperfecto y otro en pretérito. Traduce los verbos y explica por qué crees que se ha utilizado cada tiempo.

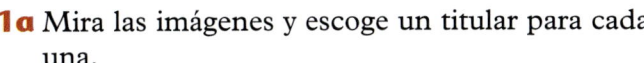
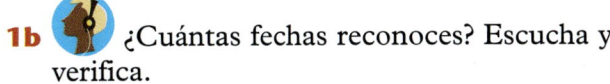

711 1492 1810 1975 1992

1478 1588 1936-39 1986 2004

América Latina

◆ Casi 400 millones de hispanohablantes repartido en 19 países – ¿una sociedad diversa unida por su lengua?

Dos luchadores por la libertad – Bolívar y San Martín

Simón Bolívar

Simón Bolívar nace en 1783, en el seno de una familia adinerada de Caracas, Venezuela. Sus padres mueren cuando todavía es joven y él hereda una fortuna. Ya de adulto se va a estudiar a Roma donde se encuentra con las ideas filosóficas que dan luz a la revolución francesa. Viaja por gran parte del territorio europeo y al regresar a Venezuela se siente frustrado ante la hegemonía española.

En 1810 se une a un grupo de compatriotas que lucha por independizarse de España bajo el llamado "Grito de Independencia". Se va a Inglaterra en busca de ayuda pero sólo logra extraer promesas de neutralidad. Vuelve a Caracas para establecerse como general del ejército tomando primero Caracas en 1813 y luego Bogotá en 1814. Durante los próximos diez años sufre derrotas y victorias en igual medida pero poco a poco logra liberar los países que hoy se llaman Colombia, Venezuela y el Alto Perú. Termina sus días en Santa Marta, Colombia, donde muere el 17 de diciembre de 1830.

Bernardo O'Higgins

Su contemporáneo José San Martín tiene una historia muy parecida – nace en 1778 en Argentina pero se traslada con su familia a Madrid a los ocho años y allí estudia en la academia militar. Interviene en la guerra contra Napoleón, después se va a Londres y finalmente regresa a Buenos Aires. Allí, en 1812, crea el famoso ejército de los Andes con el fin de lograr la independencia de Chile y Perú.

Con la ayuda de Bernardo O'Higgins logra derrotar a los españoles y éste es proclamado el primer presidente de Chile. San Martín sigue hacia el norte, liberando el Perú en 1821. Por último se celebra un histórico encuentro en Guayaquil con Bolívar en manos del cual deja el mando militar. Se marcha a Francia donde fallece en Boulogne-sur-mer el 17 de agosto de 1850.

Ambos concibieron el sueño utópico de un continente unido y ambos murieron desilusionados y llenos de amargura al ver cómo se desvanecía este sueño apenas comenzado.

1a Lee el texto rápidamente y busca la siguiente información.

1 El continente liberado cuyo nombre no se menciona.
2 Las dos ciudades europeas donde estudiaron los libertadores.
3 Los tres líderes de la independencia.
4 Los cuatro países liberados.
5 Las cinco fechas clave que no son de nacimiento ni de fallecimiento.

1b Cuenta lo que has leído en pasado.

1c Traduce las frases subrayadas al inglés.

2a Escucha e identifica la persona.

A Salvador Allende

B Túpac Amaru

C Óscar Romero

D Rigoberta Menchú Tum

E Emiliano Zapata

F Bartolomé de las Casas

G Evita Perón

H Ernesto Che Guevara

2b Escucha otra vez y empareja cada foto con una fecha.

1552	1572	1992	1911
1967	1952	1980	1973

2c ¿Quién(es) …

a   terminaron sus días asesinados?

b   ha sido galardonado internacionalmente?

c   deja una recuerdo ambivalente?

d   fue líder de su pueblo indígena?

e   lucharon por los derechos de los pobres?

2d Investiga una persona hispana del siglo veinte y prepara una presentación oral. Menciona por qué crees que es importante, qué representa, qué impacto tiene/tuvo, y cómo ha marcado la historia de su país o región.

3a Lee los párrafos de un artículo sobre el sueño bolivariano. Ponlos en orden lógico y usa las palabras conectivas para que parezca como una redacción completa.

Sin lugar a dudas …

De hecho, …

Un buen ejemplo sería …

Sin embargo, …

En resumen, …

Misión Milagro – ¿acto político o humanitario?

1 … el programa humanitario Misión Milagro que ha establecido centros antipobreza en varios países. En estos centros se escoge a indígenas pobres que buscan ayuda médica para tratamientos de cirugía ocular que normalmente sería inasequible para ellos. Les llevan a Venezuela donde se operan gratis y luego regresan a su país natal eternamente agradecidos al presidente Chávez.

2 … el presidente de Venezuela, Hugo Chávez, busca atraves de la llamada 'petrodiplomacia chavista' extender su influencia y mensaje alternativo al capitalismo neo liberal de los gringos por las Américas y el Caribe. Este movimiento se denomina la nueva 'revolución bolivariana'.

3 … la unificación del continente latinoamericano – el estilo europeo – marca el futuro y es de esperar que poco a poco sea más que un sueño bolivariano. Una nueva ola de optimismo está dando lugar a un nuevo clima y por ahora los líderes de Ecuador, Bolivia, Chile, Argentina, Paraguay y Venezuela están siguiendo las huellas e ideas históricas de Bartolomé de las Casas, tal vez el primero que promulgó la teología de liberación que tanta resonancia tenía en los años 70. Vamos a ver hasta qué punto se logra esta utopía bolivariana soñada por los libertadores San Martín y Simón Bolívar.

4 … ha aprovechado los precios altos del petróleo para venderlo como ayuda internacional a las naciones latinas menos ricas y así tratar de romper la hegemonía de Washington. Su programa de medicina gratuita para los pobres, además de los préstamos fáciles, le han dado a conocer como benefactor del pueblo latino.

5 … hay críticos del programa que dicen que no es más que una cortina subversiva detrás de la cual se está exportando la rebelión populista de izquierdas. Siempre hay intereses creados en los países ricos que desean poner fin a las bases militantes indígenas porque temen las consecuencias de un movimiento como ALBA – Alternativa Bolivariana para las Américas – un grupo de países latinoamericanos que buscan conformar una estrategia de defensa conjunta para articular las fuerzas armadas contra el imperio de los EEUU.

3b Contesta a las preguntas usando tus propias palabras.

1   ¿Qué entiendes por la palabra 'petrodiplomacia'?

2   ¿Por qué llaman 'benefactor' a Chávez?

3   Explica el programa de Misión Milagro.

4   ¿Quiénes critican el programa y por qué?

5   ¿Cuál es el sueño bolivariano?

4a Escucha el programa sobre Bolivia. Anota datos sobre los temas de abajo.

- Estructura política, geográfica y demográfica

- Industrias y productos

- Su cultura

- Su futuro

4b Investiga más a fondo dos de los temas de arriba y toma notas.

España frente a Europa

◆ *La barrera psicológica y física de los Pirineos se recoge poco a poco.*

1a Lee los párrafos y completa las frases con una palabra adecuada del recuadro de abajo.

> siendo siguió heredero dándole falleció
> producirá político liberarse ambas
> habían marcado dictadura morirse

El siglo pasado

A principios de los años 30 el extremismo y la violencia que (1) …… el siglo anterior <u>vuelven a surgir</u> y el péndulo (2) …… oscila bruscamente entre el liberalismo y el conservatismo.

La tensión crece hasta tal punto que el 18 de julio de 1936 estalla la rebelión militar que (3) …… <u>la lucha más cruenta de la historia española</u>.

Con más de un millón de muertos y la persecución o el exilio para otro millón más, <u>el recuerdo imborrable de las atrocidades cometidas por</u> (4) …… partes es lo que más que nada mantiene en el poder a la (5) …… del generalísimo Franco durante 36 años.

España <u>se quedó al margen de la segunda guerra mundial</u> y durante muchos años después (6) …… aislada de la reconstrucción europea.

En 1947 la Ley de Sucesión estableció <u>que al</u> (7) …… <u>Franco</u> la monarquía sería restaurada otra vez. En 1953, España firmó un acuerdo de cooperación con EEUU (8) …… <u>derechos sobre bases</u> como Rota que aún siguen (9) …… una piedra en el zapato. Ciertos países africanos consiguieron (10) …… del protectorado español en los años 50 y 60 pero todavía <u>falta por resolverse</u> el estatus de Melilla y Ceuta.

Por fin en 1969 Juan Carlos de Borbón y Borbón <u>fue nombrado</u> (11) …… de la corona y en noviembre de 1975 cuando (12) …… el general Franco fue proclamado Rey de España.

1b  Escucha y verifica.

1c Traduce las frases subrayadas.

1d Busca frases en el texto que signifiquen:
1 swings wildly
2 increases
3 more than anything else
4 and for many years after
5 would be once more restored
6 continues to be a thorn in the side
7 managed to break free

2a Hitos importantes más recientes – escucha y empareja cada titular con una fecha.

> Fuera de Irak   **Sefarad**
>
> Día del orgullo gay   PP   CCAA
>
> No al terrorismo   Tejerazo   Parlamento por fin
>
> **OTAN**   NUEVA CONSTITUCIÓN

| 1976 | 1978 | 1980 | 1981 | 1986 |
| 1992 | 1996 | 2004 | 2005 | 2008 |

2b Escucha otra vez y añade dos datos más para cada titular.

3a Lee el texto y tradúcelo al inglés.

Las últimas batallas de la Guerra Civil

Hace más de 70 años ya, pero aún siguen abiertas las heridas del conflicto que tanto dividió y sigue dividiendo al pueblo español.

La nueva ley de la memoria histórica, que prohibe la celebración de la muerte de Franco el día 20 de noviembre y todo símbolo público dedicado al dictador, ha provocado bastante oposición entre los grupos fascistas y los seguidores de la memoria de Franco. Esta ley reconoce por primera vez a las víctimas de la Guerra Civil.

Últimamente ha salido un nuevo videojuego titulado 'Sombras de guerra' que invita a los jugadores a participar en el conflicto sea del lado de las fuerzas nacionalistas de Franco o del lado republicano que fue derrotado. El videojuego empieza el mismísimo 20 de noviembre y la fecha de comienzo ha sido motivo de escándalo.

Los parientes de las víctimas están muy dolidos, porque como ellos mismos dicen, "no es un evento histórico sepultado en el pasado sino algo muy reciente y fresco en la memoria colectiva española. No se justifica trivializar las matanzas y el sufrimiento y dolor de las víctimas cuando nosotros aún no hemos podido reconciliarnos con el pasado".

3b Investiga la Guerra Civil más a fondo y escribe una redacción imaginando que vivías en esa época. ¿Cómo hubieras reaccionado? ¿En qué bando hubieras luchado – con los Republicanos o con los Nacionalistas?

4 Lee el texto y escribe en tus propias palabras dos argumentos que se dan a favor y uno en contra de estar en la zona euro.

La visión europea – desarrollo y evolución económica

Desde su ingreso en la CE, España ha experimentado un notable cambio económico y cultural. Es, por ejemplo, uno de los países europeos con mayor población universitaria.

La introducción del euro puede suponer para España una cierta ventaja competitiva frente a los países que no están incorporados. Quedarse fuera hubiera constituido un desastre psicológico y económico. Entrar significaba para España ceder formalmente la soberanía monetaria al Banco Central Europeo (BCE). No obstante, puede considerarse que España estará en el núcleo de la nueva Europa. Pero no se trata sólo de estar, sino también de poder permanecer en esta posición.

5a Escucha las actitudes hacia Europa y empareja las dos partes de las frases.

1 Creo que es importante que …
2 Dudo ser buena europea …
3 En mi opinión es mejor que …
4 La nueva constitución permite que …
5 Para mí es imprescindible que …

a se elija un presidente.
b consideremos los dos aspectos de nuestra identidad.
c encontremos un sistema justo de votación.
d los países europeos se enfrenten a los problemas juntos.
e porque soy muy regionalista.

5b Lee la opinión y emparéjala con una de las ideas expresadas arriba.

> Me sorprende mucho la actitud del Estado que parece querer perder su identidad nacional ante un Europa cada día más poderosa mientras las CCAA buscan más que nunca su independencia.

5c Discute con un(a) compañero/a. Luego escribe tu propia respuesta a esta opinión.

El 1 de mayo de 2004 es una fecha clave en la historia de Europa. Es el momento de una nueva ampliación en la que diez nuevos miembros se suman a los quince. No sólo se borran las fronteras de la Guerra fría sino que se realiza el sueño del triunfo democrático y del libre mercado – estableciéndose así definitivamente los valores que simbolizan a Europa.

Jamás en los anales de la historia de Europa ha vivido tanta gente bajo condiciones de paz, democracia e imperio de la ley basadas en la soberanía compartida de la Unión Europea. Es el símbolo de la liquidación de un terrible siglo XX de guerras, fratricidas y barreras de separación.

6a Lee el texto y busca palabras que signifiquen:

1 enlargement
2 erases (wipes out)
3 cold war
4 fulfils a dream
5 never in the annals of time
6 the rule of law
7 shared sovereignty
8 the end of

6b Traduce estas frases al español, utilizando el texto para ayudarte.

1 This is a key moment in the history of our country.
2 It not only marks the day when democracy triumphed but also when the barriers came down.
3 The fifteen original states became a community of twenty-five.
4 The basis for this shared sovereignty is the rule of democratic law.
5 The twentieth century was one of divisions and civil strife.

6c Traduce el texto al inglés.

7 Escucha las opiniones y anota si están a favor o en contra de la UE y de su ampliación o si no saben.

8 Busca más información sobre la Unión Europea. Escribe unas frases dando tu opinión sobre la UE.

Costumbres, tradiciones y fe religiosa

◆ *La fe indígena o religiosa siempre ha formado la base de las tradiciones*

1a Escucha e identifica las fiestas.

1b  Escucha otra vez y contesta a las preguntas.

1 ¿Qué comentario hace el locutor al principio?

2 Anota cuándo, cómo y dónde se celebra cada fiesta.

    a Días nacionales de independencia

    b El día de los muertos

    c La fiesta del sol

    d Carnaval

    e El doce de octubre

    f Reinas de belleza

2a Lee los textos sobre unas fiestas de España.

Las Fallas de Valencia

Las Fallas se celebran cada año en Valencia. En un principio se celebraban el 19 de marzo, el día de San José, y era una fiesta propia de los carpinteros. Hoy día los habitantes de diferentes barrios de la ciudad construyen su 'falla', estatuas enormes de cartón piedra sobre esqueletos de madera que reflejan temas satíricos. Luego todas se queman en las calles. Se ha declarado una fiesta de interés turístico nacional y siempre se retransmite por la televisión.

La Tomatina

La Tomatina comenzó en 1945, por razones oscuras, pero hoy atrae a miles de turistas de todas partes del mundo a Buñol, un pueblo pequeño al sur de Valencia. Tiene lugar el último miércoles de agosto cuando los participantes pasan horas tirándose más de 125.000 kilos de tomates. ¡Todos terminan bañados en jugo de tomate aplastado pero dicen que se lo pasan bien!

La Vaquilla

El dos de febrero se celebra La Vaquilla en las calles de Colmenar Viejo. Tiene sus orígenes en el mercado o la feria del ganado. Las mujeres de la familia visten una tabla de madera (la vaquilla) con cintas de diferentes colores. Luego los hombres van bailando con la vaquilla por las calles hasta llegar a la plaza mayor. Es allí donde el pueblo entero se reúne para comer juntos.

2b Discute con un(a) compañero/a si las fiestas parecen tradicionales, modernas o ambas cosas. Usa la tabla y las frases de abajo para ayudarte.

Tradicional	Moderna
participación	espectáculo
lugar central	lugar artificial
todo el pueblo	mayoría jóvenes
vino y comida	cualquier bebida alcohólica
para la comunidad	para los turistas
orígenes religiosos	orígenes comerciales

Frases clave

Según entiendo …
Por lo que acabo de leer …
Creo que …
Es obvio/evidente que …

2c Escucha las dos descripciones diferentes sobre cada fiesta y decide cuál de ellos es la más acertada.

2d Escribe una explicación. Usa las frases de abajo.

Frases clave

Me parece que …
No se puede negar que …
Sin embargo …
Por un lado … por otro …
Creo que …
Además …
No obstante …

3 Busca en Internet fiestas españolas o latinas para cada mes del año. Luego elige una y escribe un párrafo breve. Menciona:

- la época y la fecha
- dónde, qué y cómo se celebra
- tu opinión o la opinión pública

4a Lee el artículo y traduce al inglés las frases subrayadas.

España, formada por las 17 CCAA, <u>se destaca por su diversidad</u> – sea geográfica, climática, culinaria o linguística o y por sus tradiciones y costumbres regionales. Todas ellas influyen sobre la vida diaria pero el eje que más une y sustenta a la sociedad española es la familia. La mayoría nombra la familia como el aspecto más importante de su vida y <u>la familia todavía reina supremo en sus corazones</u>.

Por otro lado, aunque resulte sorprendente, la tasa de natalidad ha bajado de forma tan dramática en tan poco tiempo que ha pasado a ocupar casi el puesto más bajo de Europa. Además, el catolicismo aún <u>prevalece sobre todo entre las personas de la tercera edad</u> pero solamente es importante hasta cierto punto para los jóvenes. ¡Sin embargo, se ven imágenes de santos por todas partes en tiendas, bares y ¡hasta en los camiones! Aunque la iglesia, <u>tanto el edificio como la fe</u>, domina el pueblo ya no cuenta con tantos fieles como antes y entre los jóvenes solamente un 25% va a misa con regularidad.

No obstante, las fiestas navideñas y la Semana Santa siguen siendo tan importantes como siempre, sobre todo en Sevilla con sus procesiones de cofradías. <u>No cabe duda de que el Gordo</u>, el mayor premio de la lotería nacional que sale el 22 de diciembre, se espera con tanta anticipación como el día de Navidad. Tradicionalmente, el almuerzo dominical en familia dura toda la tarde <u>hasta llegar el momento del paseo tradicional al atardecer para refrescarse y bajar la comida</u>.

Además de la comida, la música y el baile típicamente reúnen a familias. Y durante la fiesta del pueblo todos se visten de trajes típicos de la región aunque sean de tela y confección moderna hoy en día. Sin embargo parece que a menudo las costumbres sobreviven gracias al turismo. En cuanto a los mercados artesanales semanales, el flamenco, los toros y hasta las tapas hay muchos cínicos que opinan que hoy día se han modernizado y han cambiado de tal forma que <u>corren el riesgo de convertirse en 'cosas internacionales' y no típicamente españolas</u>.

Sea como sea, y <u>aunque el turismo haya tenido un gran impacto en mucho en la vida cotidiana</u>, todavía se puede decir que en muchas partes las tradiciones y costumbres perduran y siguen tan auténticas como siempre.

4b Escribe estas frases en español.

1 The family underpins Spanish society and is considered the one most important feature of their lives by all Spaniards.

2 However it is very surprising that the birth rate has fallen so low in Spain.

3 The church has always dominated the way of life in Spain but is now only strong amongst the older generation.

4 Everyone looks forward to family gatherings, and also the Lottery, at Christmas time.

5 People have become quite cynical about traditional fiestas and customs and often accuse them of becoming commercialised for tourists.

4c Busca palabras conectivas e indica si añaden o contrastan ideas. Comenta sobre la introducción y la conclusión. ¿Cómo se presenta y resume el tema principal?

4d Busca información sobre La Tuna – y haz una presentación oral a la clase.

5 Imagina que fuiste a una fiesta típica o que participaste en una costumbre o tradición hispana o en tu país. Escribe en pasado cómo fue y lo que hiciste.

¡Atención, examen!

Gramática ➡ 132 ➡ W44

Improving understanding of past tenses

Try to develop an understanding and feel for the way Spanish uses past tenses:

- The preterite is used for a specific action started and completed in the past within a **definite** period of time. Sometimes the time limits are implied rather than explicitly stated.
  Vivimos 20 años en Madrid.

- The imperfect is used for descriptions or actions that continued over an **indefinite** period of time or used to happen regularly or repeatedly in the past.
  Vivíamos en Madrid.

Note:

- The combination of imperfect and preterite shows an interrupted action.
  Cuando paseaba por la calle vio un accidente.

- You can also use the continuous past to give an even more descriptive quality.
  Estaba paseando por la calle cuando vio un accidente.

A Say what tense each verb is in and explain the difference in meaning between the two alternatives.
  1 <u>Es/Era</u> el país más pobre de América del Sur.
  2 <u>Es/Era</u> un país rural.
  3 La población <u>está migrando/ha migrado</u> a la ciudad.
  4 Sesenta y cuatro por ciento <u>está viviendo/vivía</u> en la ciudad.
  5 El gobierno <u>propuso/ha propuesto</u> exportar los recursos petroleros.
  6 Los campesinos <u>saldrán/salieron</u> a protestar.
  7 El presidente <u>dimitió/ha dimitido</u>.
  8 La situación se <u>volvió/volverá</u> más crítica con la propuesta de entrar a la zona de libre comercio.

B The sentences in A form part of a listening text. Before listening, predict which sequence of verbs would make most sense of the passage as a whole.

C  Listen and note which verb tense is used in each case.

- If you use English tenses as a guide to the difference between the preterite and the imperfect in Spanish, watch out for some verbs that behave differently.
  He wanted to help the poor.
  Quería ayudar a los pobres.
  He knew who his enemies were.
  Sabía quienes eran sus enemigos.

- Contrast the following:
  Conocía al doctor.
  (He was acquainted with …)
  En Barcelona conoció a mi hermana.
  (He became acquainted with …)
  Sospechaba que no era culpable.
  (He had a suspicion that …)
  Sospechó que habían escapado.
  (He suspected they had …)

- The imperfect is used in reported speech to represent an original present tense.
  Voy a hacerlo. – Dijo que iba a hacerlo.

D Put the following into reported speech.
  1 "I want to see you."
  2 "We hope to go out soon."
  3 "They intend to play tennis later on."

E Explain the difference between these two sentences.
  La ventana estaba rota.
  La ventana fue rota por los niños.

F Write these sentences in Spanish.
  1 People have always been worried about the enlargement of Europe.
  2 I knew a man who used to be an MEP.
  3 He wouldn't do any more research on Europe.
  4 My parents thought it was time for us to make up our minds about the euro.
  5 The EU used to be called the EEC.

Técnica

Essay writing

Think through these four practical steps:
A Type –B Plan – C Relevance – D Language

A Type – creative – discursive – prompted
– research-based

1 Establish which of the following are required:

◆ Specific points from a source text

◆ Your personal reaction or opinion

◆ Your own factual knowledge

◆ Reference to the Spanish speaking world

◆ An imaginative response

◆ A structured argument

Go back over all the longer texts in the unit and decide which example they offer. Then look at the various writing tasks and decide which of the above they most reflect.

B Plan – organise your thoughts logically. Use linking words and phrases to make sure your essay flows. Keep the introduction and conclusion brief and to the point, referring to the title by answering the question or responding to the statement.

2 Make different sorts of plans:

◆ A list of points

◆ A series of paragraphs (linking, continuing, adding ideas or information – qualifying an idea – contrasting or denying)

◆ A table of facts linked to ideas

◆ An introduction (state the problem)

◆ Main body (put arguments for/against)

◆ Conclusion (sum up and maybe give indication of future developments)

◆ Prepared phrases for presenting ideas (agreeing/disagreeing)

◆ Prepared phrases to show off structures

Revise any writing tasks you have completed and go back over them to check which kind of plan you made and how you could have improved upon it.

C Relevance – select examples carefully to back up the point you wish to make. Use evidence from Spain or Latin America where appropriate. Try to analyse and give opinions with reasons for any aspects or issues you are commenting on or raising.

D Language – use a checklist and give yourself at least ten minutes to go through the finished work slowly. Check each point on your list separately.

For example **verbs** – check each verb for tense then reread what you have written and check the same verb for person/ending, spelling, accents and category – is it irregular or radical changing – do you need the subjunctive or a preposition? Don't forget accuracy and quality of language are vital.

For a fuller version of a checklist go back to Unit 8.

3 Read the text on page 99 about Spain and the Spanish way of life.

◆ Analyse the text and then write a basic plan for it.

◆ Note down the main ideas.

◆ Find two sentences which demonstrate more complex language/structures.

4 Revise the Unit and each different aspect covered. Write down a few sentences in Spanish which you could use as good examples to illustrate the main idea or point stated in the texts.

For example: the Civil war – *un período controvertido en la historia del país*

5 Check these sentences based on this Unit and correct the deliberate grammatical mistakes.

1 San Martín y Simón Bolívar quiso liberar a la continente suramericana del imperio española.

2 Los criollos fueran hijos de Europa que nacen en latinoamerica.

3 La población latina siguieron creciendo de tales forma hasta que alcanzara una cuota parte de los habitantes americanas.

4 Actualmente varios lideres latino estaban persiguiendo un sueño bolivariano.

5 La Guerra Civil de Española dividirá al pueblo y sera la causa de heridas duraderos.

A escoger

1 Escucha la discusión y contesta a las preguntas.

1 Comenta las fechas: ¿Por qué son importantes?

2 ¿Crees que es importante comprender el contexto histórico de tu país? ¿Por qué?

3 ¿Qué ejemplos similares puedes dar sobre tu país?

4 Busca más datos sobre la herencia romana, árabe y judía en España y escribe un párrafo breve sobre cada una. Menciona las fechas importantes y el legado que dejaron.

2 Investiga una región o CCAA de España y escribe una redacción de unas 250 palabras. Menciona:

• las influencias geográficas o históricas

• cómo ha cambiado desde el punto de vista económico o industrial

• tu opinión personal acerca de si te gustaría vivir allí y por qué

3a Escucha la discusión y completa las frases.

1 Mirén cree que …

2 La opinión de Pepe …

3 Según lo que entiende Alicia …

4 El profesor piensa que …

5 Todos están de acuerdo …

3b Escucha otra vez y explica con tus propias palabras lo que significa la frase:

"La construcción de Europa no tiene que implicar la destrucción de España."

4a Lee el texto. Luego escribe un resumen en español y menciona:

1 el tamaño

2 la cohesión

3 el desinterés

4 el referéndum

5 los límites

El sistema europeo es demasiado grande, complejo y remoto y no ha hecho lo suficiente por reformar la política agrícola – pero después de 30 años está tan presente en nuestras vidas que no podemos prescindir de ello y hemos llegado a la certidumbre de que merece la pena seguir adelante.

No es fácil, psicológicamente hablando, conseguir que sociedades moldeadas por los límites e intereses nacionales acaben convergiendo en una verdadera opinión pública europea. Sería, no obstante de ciegos, no reconocer desde una perspectiva histórica la trascendencia, y lo irreversible, del camino recorrido hasta ahora.

No podemos ignorar el aviso que supone el desinterés mostrado por los electores europeos, pero tampoco debemos minusvalorar lo que significan los 150 millones de votos registrados en las urnas el día 13 de junio de 2004. Es imprescindible recordar a los eurofóbicos y a los euroescépticos que por pocos o muchos que sean, son los votos depositados en las urnas los que cuentan para legitimar decisiones y procesos políticos.

Tras los comicios se ha llegado a un acuerdo sobre la Constitución Europea. Hoy somos más europeos que ayer, pero mucho menos que mañana. Por lo menos aquí, en España, ya se ha anunciado un referéndum que abrirá el camino a un debate necesario: a fin de cuentas la ciudadanía tiene que darse cuenta de que Europa no está lejos, está aquí.

Sin embargo, es necesario aclarar definitivamente cuántos vamos a ser, hasta dónde va a ampliarse la Unión: cómo será el mapa final para que la UE sea manejable y posible.

¿Debemos establecer relaciones de asociación privilegiada entre la UE y Turquía, Rusia o Marruecos o debemos defender su inclusión como miembros de pleno derecho? Hay que definir los límites si no queremos terminar como un mercado gigantesco y nada más.

4b Discute la frase subrayada con un(a) compañero/a. ¿Cuánta importancia tiene para ti registrar tu voto?

5 Escribe unas 250 palabras contestando a las preguntas.

1 ¿Cómo quieres que sea la Europa del futuro?

2 ¿Cómo crees o esperas que funcione?

3 ¿Cuántos estados miembros habrá?

Repaso Unidad 9

1 Lee el texto y contesta a las preguntas.

1 ¿Qué comentario hace sobre el imperio español?

2 ¿Por qué dice que no fue exclusivamente español?

3 ¿Por qué dice que España perdió más de lo que ganó?

4 ¿Qué similitudes cita entre Inglaterra y España?

5 En tu opinión, ¿el texto refleja la situación verdadera?

España es uno de los pocos países cuya lengua y cultura han tenido un impacto mundial.

Sin embargo, el imperio español, lejos de ser español única y exclusivamente, fue creado por marineros genoveses, príncipes flamencos, aventureros vascos, holandeses e italianos, comerciantes chinos – en fin, una multitud de gente actuando bajo la bandera real española.

Un dato interesante es que España a finales del siglo XV apenas estaba formándose como reino unido y era pobre tras tantas luchas contra los moros. Hasta cierto punto, España perdió más de lo que ganó, sobre todo si tenemos en cuenta que había expulsado precisamente a los banqueros y administradores judíos que iba a necesitar para la explotación de los territorios de ultramar y que muchos de los valientes y enérgicos aventureros que se fueron en busca de El Dorado nunca volvieron, dejando al país en un estado demasiado débil como para sacar el máximo provecho de su riqueza y potencia.

El imperio floreció durante poco menos de cien años, pero con la firma del Tratado de Utrecht en 1713, España volvió a la pobreza y al aislamiento, igual que sucedió bajo Franco. Sin embargo, la memoria colectiva habla del imperio como si fuera algo que duró mucho tiempo. Los conquistadores descubrieron el terreno, pero fue el espíritu emprendedor lo que dejó su legado. El imperio británico siguió las huellas españolas y de ahí que las lenguas de estos dos países dominaran en el avance occidental.

2 Escucha a un grupo de españoles – ¿qué saben y qué opinan de sus parientes latinos? Resume lo que dicen en inglés.

- How favourable are their remarks?
- What makes you think this?
- How do they see the future?

3 Escucha las opiniones sobre Europa. Contesta a las preguntas en español en tus propias palabras.

1 ¿Qué ventajas se citan?

2 ¿Cuántos aspectos negativos se mencionan? ¿Cuáles son?

3 ¿Qué conclusión se puede sacar?

4 Lee el texto sobre los indios Mapuche y contesta a las preguntas.

La población indígena de Chile ha pasado a la acción para pedir la devolución de sus tierras. El espíritu guerrero ha despertado de nuevo para defender una reivindicación expuesta incluso en la Comisión de Derechos Humanos de la ONU. En muchos pueblos y en las principales ciudades del país, sobre todo en Temuco, capital de la Araucanía, una ola de ira se ha desatado entre la comunidad mapuche, descendientes de aquellos auracanos que resistieron ferozmente a los conquistadores españoles y que llegaron a ser reconocidos como Estado en el siglo XVIII para luego ser desposeídos nuevamente durante la colonización europea de principios del siglo XIX. La Reforma Agraria de Salvador Allende les tuvo en cuenta, pero la dictadura pinochetista sólo sirvió para ahondar en la disgregación de sus propiedades. Entre 1979 y 1986 se les dividió en 1.739 comunidades, prohibiéndose además la posibilidad de herencia, como contempla la ley indígena.

Ahora los mapuche piden el autogobierno de una gran zona en el sur de la región de Los Lagos y la Araucanía.

Otros problemas provienen de las empresas madereras instaladas en esta zona, que esquilman los escasos bosques que quedan, y de la especulación con el agua que riega el sur de Chile. Endesa España está construyendo una central en Ralco, en el cauce del Bío-Bío. Las obras convertirán este río en una sucesión de lagunas que inundarán cientos de hectáreas habitadas antaño por los indígenas chilenos.

1 ¿Por qué están protestando los indios Mapuche?

2 ¿Cuál es su historia?

3 ¿Qué les pasó durante la dictadura de Pinochet?

4 ¿Cuál es el objetivo de su petición?

5 ¿A qué otros problemas se enfrentan ahora?

5a Lee el reporte sobre la marcha de NO MÁS FARC.

La fuerza joven

Si a alguien se le debe el tremendo éxito de las marchas contra las Farc (Fuerzas Armadas Revolucionarias Colombianas) es a la juventud colombiana, que fue el motor más espontáneo y a la vez efectivo de una jornada cívica que pasará a la historia.

Cada día hay más jóvenes que quieren participar en la vida nacional y así lo demuestra la marcha del 4 de febrero. El viejo discurso de que a los jóvenes de hoy sólo les interesa la rumba quedó en la nada con la formidable respuesta a la convocatoria que fue realizada principalmente a través de una herramienta típica de las nuevas generaciones: Internet y particularmente el portal Facebook. Además, hay que reconocer que los organizadores eran menores de 30 años, algunos aún bachilleres.

El uso de Internet facilitó enormemente la difusión y discusión de la propuesta y la coordinación de las acciones. Por primera vez, la diáspora colombiana se pronunció de forma contundente, nacional e internacionalmente. No se sintió ese odio visceral que sólo quiere la destrucción del enemigo. En cambio hubo una sensación compartida de cansancio y de fastidio hacia las Farc, y la decisión de enviarles un mensaje derivado de una clara conciencia de que las Farc han abusado y siguen abusando de la voluntad de paz de los colombianos.

5b Busca:

sinónimos de:

logro   la motivación   un día   tomar parte en indica

y antónimos de:

debilidad   la vejez   mayores   última   cariño

5c Escucha otro reportaje y toma apuntes. Hay cinco errores. ¿Cuáles son?

5d Escribe un resumen del texto en inglés usando no más de cien palabras. Menciona: el evento, el lugar, la causa, lo que lograron y cómo.

6 Escucha el informe sobre Pinochet. Contesta a las preguntas con frases completas en español.

a ¿Qué pasó en Londres?
b ¿Cómo logró Pinochet librarse de la cárcel?
c ¿Qué hizo el juez Guzmán Tapia?
d ¿Con qué se encontró durante el juicio?
e ¿Qué simboliza el juez?

7 Lee el texto y explica en inglés lo que significa cada término.

La identidad: algunos términos	
Criollos:	hijos de europeos, nacidos en Latinoamérica.
Indígenas:	descendientes de los habitantes autóctonos que no se han mezclado con los europeos. En unos países conforman gran parte de la población (en Guatemala y Bolivia el 60%, en Perú y Ecuador el 40%).
Indios:	en los últimos siglos se ha considerado un término de abuso pero desde 1992 reclamado con orgullo por grupos indígenas.
Ladinos:	desde el siglo XVI se refiere a gente indígena que adopta las maneras y el hablar español, sobre todo en Guatemala.
Mestizos:	gente de raza mezclada; la mayoría de los latinoamericanos.
Mulatos:	gente de ascendencia africana y europea.

Tradicionalmente estos términos se usaban para denominar las mezclas de razas – o mejor dicho de culturas y de posición social. Hoy en EEUU se usan 'chicano', 'hispano' o 'latino' para referirse a la gente de origen latinoamericano. Los indígenas siguen siendo los más marginados

8 Busca información sobre los Zapatistas de México. Escribe notas sobre:

• su origen
• su protesta
• la situación actual

Stretch and Challenge
Tierras cosmopolitas

1a Escucha el reportaje y contesta a las preguntas.

1 ¿Dónde se encuentra Melilla?

2 ¿Cuál es su extensión?

3 ¿Por qué se la llama la ciudad de las cuatro culturas?

4 ¿Cómo se describe la ciudad?

5 ¿Qué intenta prevenir la alambrada?

6 ¿Qué ha ocurrido varias veces a causa de la valla?

1b Escucha de nuevo. Encuentra las frases o expresiones que significan:

1 as there is no other

2 in the so-called city

3 it calls itself

4 making reference to

5 an image of calm

6 the barbed wire fences

2 Escoge uno de los siguientes temas y escribe de 250 a 270 palabras. Considera los puntos mencionados si necesitas ideas.

a Composición creativa: dos amigos en Melilla pasean cerca de la valla conversando cuando ven a un hombre inconsciente en el suelo y al otro lado de la valla un joven lleno de rasguños que llora desconsoladamente. Continúa la historia explicando lo que ha pasado y lo que ocurre después.

• ¿Qué hora es?

• ¿Adónde iban los dos amigos?

• ¿Qué hacen al ver la situación?

• ¿Son parientes el hombre y el joven?

• ¿De dónde proceden?

• ¿Qué edades tienen?

• ¿Qué crees que buscan?

b Composición discursiva: "Mientras haya fronteras y vallas que separen los países no existirá la igualdad." ¿Qué piensas? Razona tu respuesta.

• ¿Qué es la igualdad?

• ¿Son necesarias las fronteras?

• ¿Para qué sirven?

• ¿Si no existieran las fronteras desaparecería la pobreza en el mundo?

• ¿Qué ventajas y desventajas tienen las fronteras?

3 Lee el texto. Contesta a las preguntas de forma oral.

1 Según COLEGADES, ¿qué problemas existen todavía en relación a la orientación sexual de las personas?

2 ¿En qué se diferencia el programa de este año a ediciones anteriores?

3 ¿Por qué crees que los homosexuales y transexuales prefieren vivir en las ciudades?

4 En tu opinión, ¿qué pueden hacer los homosexuales para conseguir una mayor comprensión y aceptación?

Mil quinientos kilómetros de emociones

En colaboración con el Consejo de la Juventud de España COLEGADES, la Asociación de Gays, Lesbianas, Bisexuales y Transexuales de Cádiz abre la cuarta edición del programa de pedagogía social "Las emociones de pueblo a pueblo" que quiere acabar con la homofobia y desterrar de forma clara y dinámica los mitos y tópicos que rodean a homosexuales y lesbianas.

Este programa trabaja para garantizar los derechos de las personas independientemente de su orientación sexual y este año COLEGADES recorrerá 1554 kilómetros de la provincia con su programa tratando el tema de forma seria y profesional y fomentado la participación.

Además, otra novedad es que COLEGADES trabajará conjuntamente con escuelas de padres y madres de la provincia para intentar evitar que continúe el éxodo rural de los homosexuales más jóvenes; para que en su lugar estos puedan ser felices en sus pueblos y barriadas sin necesidad de trasladarse a las grandes capitales.

El crimen y el castigo

1a Escucha el monólogo "Diario de un preso" y contesta a las preguntas.

1 ¿Qué le llevó a cometer el delito?

2 ¿Qué dice de las celdas?

3 ¿Cómo pasó el jueves?

4 ¿Por qué se siente mejor ahora?

5 ¿Qué quiere decirles a los que están a su lado?

6 ¿Quiénes eran sus compañeros de celda?

1b Escucha otra vez e identifica estas palabras o expresiones en español:

1 I was caught

2 theft and fraud report

3 prison cell

4 relieved to have my parents nearby

5 get my own way

6 undesirables

2a Escribe un relato sobre la experiencia del joven del monólogo. Debes describir:

• su arresto

• su estancia en la cárcel

• cómo se sentía

• su experiencia en el juzgado

• su puesta en libertad

Ejemplo: La desaparición de otro par de vaqueros y dos camisetas fue decisivo. El joven fue denunciado por…

2b Imagina y describe a un(a) compañero/a el joven del monólogo. ¿Cuál es su edad? ¿Tiene estudios? ¿Cómo es su familia? ¿Cómo es su personalidad? etc.

3 Debate en clase.

• ¿Qué otras infracciones de la ley cometen los jóvenes de tu edad, a veces sin darse cuenta o sin darle importancia?

• ¿Te parece excesivo el castigo del monólogo?

• ¿Cómo castigarías tales infracciones?

4a Lee el texto. ¿Quién habla?

a Los acontecimientos hacen difícil justificar la muerte del ladrón.

b Situaciones extremas pueden llevar a reacciones impensables.

c Ver el fruto de tu sudor desvanecerse instantáneamente provoca furia.

d La reacción de la mujer fue un poco desmesurada.

e Los homicidios no son justificables.

Mujer llevada a juicio por homicidio simple por matar a un ladrón
¿Víctima, asesina o defensa propia?

Graciela
Somos muchos los que nos sentimos impotentes ante la víctima llevada a juicio por defender, aunque sea exageradamente, su casa y familia. Pero los que hemos sido víctima de una basura que nos quitó en dos segundos lo que nos costó quizás años de trabajo, entendemos esa rabia que ni sabías que tenías.

Marcelo
En principio uno no está de acuerdo con ninguna muerte, pero hay que vivir esa desgraciada situación y colocarse en el lugar de la víctima.
Uno puede planear cuál ha de ser la reacción frente a una supuesta situación de inseguridad, pero hasta no vivirla, uno nunca está seguro de lo que es capaz de hacer.

Sara
Es complicado justificar la defensa propia en el caso de esta mujer porque si mal no recuerdo, el tipo que la asaltó se fue de la casa. Entonces ella reaccionó, buscó un arma y le persiguió hasta que le alcanzó …

Distinto hubiera sido si le hubiese pegado el tiro mientras estaba en la casa, o cuando entraba …

4b ¿Cuál es tu opinión? ¿Víctima, asesina o defensa propia? Justifica tu respuesta.

Two dollars a day

- According to a study conducted by the UN, the 500 wealthiest people in the world earn more than the 416 million poorest individuals.
- Although extreme poverty of less than a dollar a day has decreased, 40% of the world population lives with little more than two dollars per day. For each dollar invested in fighting poverty, 10 are spent on firearms.
- Norway continues to be the most developed country in the world.

1 Traduce el texto al español.

2a Escucha las opiniones de estas personas. Lee las afirmaciones e indica de quién se trata (1–4) en cada caso.

a No le preocupa demasiado el problema de la pobreza en el mundo.

b Los dos dólares de los que se habla en el artículo son relativos a la situación personal.

c No entiende la avaricia de los más ricos.

d No está dispuesto/a a contribuir económicamente para mejorar la situación de los demás.

e La situación no es justa pero hay que ser un poco escéptico.

f Critica el alto gasto en armamento.

g Implica que salir de la pobreza puede ser cuestión de voluntad y esfuerzo personal.

h Le molesta la construcción con ánimo de impresionar.

2b Y tú, ¿qué opinas de la distribución de bienes mencionada en el texto del ejercicio 1? Expón y defiende tu opinión.

3 Rellena los espacios del texto con las siguientes palabras. ¡Atención! Sobran palabras.

> apoya   laborales   marca   sean
> cooperación   catálogo   empobrecidas
> acentúa   mercados   dignas   infantil
> apoya   criterios   son   enriquecidas
> entidades   sello   herramienta   sostenible
> mujeres

"El comercio justo me sienta bien"

Durante el mes de mayo, está programado un gran (1) …… de actividades con motivo del día internacional del comercio justo.

El comercio tradicional raramente (2) …… los criterios del comercio justo, y a menudo (3) …… las diferencias entre los países ricos y pobres. El comercio justo es una (4) …… para cambiar esta situación a través de la (5) …… y de este modo ayudar a las poblaciones (6) …… a salir de su dependencia y explotación.

Las (7) …… de comercio justo siguen un sistema comercial alternativo que ofrece a los productores acceso directo a los (8) …… del Norte y exige unas condiciones (9) …… y comerciales justas e igualitarias, que les garantice un medio de vida (10) ……

Para que los productos lleven el (11) …… de comercio justo, las organizaciones deben respetar una serie de (12) …… básicos que incluyen sueldos que no les condenen a la pobreza y que (13) …… iguales entre hombres y (14) ……, derechos laborales que permitan unas condiciones de vida y trabajo más (15) ……, respeto al medio ambiente y un no rotundo a la explotación (16) …….

1a Lee el artículo y decide un título que creas pertinente.

El desarrollo conlleva enormes inconvenientes. La calidad de vida en las metrópolis se ha deteriorado severamente. Los grandes centros urbanos se han convertido en los principales centros de contaminación del planeta debido a la superpoblación, a la deficiente eliminación de residuos y a la polución que emiten las industrias y los vehículos.

El crecimiento y la densidad de la población mundial son cada vez mayores. Cada año se producen noventa millones de nacimientos; en un segundo nacen tres niños y dos de ellos están destinados a vivir en condiciones de pobreza.

Otra consecuencia es la aparición de desplazados por problemas ecológicos: en los últimos años 100 millones de personas se han visto forzadas a emigrar por vivir en zonas expuestas a condiciones climáticas adversas y que casi no procuran recursos para la subsistencia.

1b Lee de nuevo e identifica:

Sinónimos de …	Antónimos de …
crecimiento	mejorado
acarrea	perfecta
contrariedades	abundancia
desechos	desaparición
concentración	favorables

1c Traduce el artículo al inglés.

2 Escucha este alarmante reportaje. ¿Verdadero o falso?

1 Las formas más comunes de desecho de residuos en el tercer mundo son contraproducentes.

2 Los organismos vivos son incapaces de descomponer los residuos no biodegradables de forma rápida.

3 El desecho eficiente de envases y envoltorios plásticos no supone un reto para las ciudades.

4 El encarecimiento del terreno en la periferia de las urbes se considera una condición necesaria para el equilibrio.

5 Las duras condiciones de vida en las zonas no urbanas lleva a la aparición de zonas residenciales con poca calidad de vida alrededor de las ciudades.

3a Estudia este texto sobre el biodiesel. Prepara 10 preguntas para un(a) compañero/a sobre el contenido y su opinión. Considera:

- los usos del aceite y su resultado
- las cifras mencionadas
- ventajas y desventajas

¿Puedo llevarme el aceite usado de sus freidoras?

Cuando el aceite de cocina usado no se utiliza como alimento para engordar pollos, cerdos y res, resultando en la preocupante ingesta de compuestos cancerígenos, se desecha por fregaderos, algo prácticamente igual de preocupante si tenemos en cuenta que cada litro de aceite vegetal contamina 1.000.000 de litros de agua, cantidad suficiente para satisfacer el consumo de una persona durante 14 años.

Por fortuna, en América algunos han encontrado una solución. Se trata de adaptar los motores diesel de sus vehículos para que circulen con aceite usado. Por el momento son pocos los que se han aventurado a esta iniciativa pero están satisfechos.

Los de restaurantes no deben pagar a profesionales para deshacerse del aceite usado, los conductores no necesitan pagar por su carburante y el medioambiente sonríe agradecido: un resultado perfecto.

3b Debate en clase. Reflexiona sobre la iniciativa mencionada en el texto. ¿Es una buena idea? ¿Qué inconvenientes se te ocurren?

1 Lee el artículo sobre easyJet. Utiliza las formas conjugadas de los siguientes verbos para completar el texto.

decir	compensar	intentar	crear	ser
ofrecer	contar	poder	hacer	volar

A pesar de las campañas en los medios de comunicación que (1) ...... desanimarnos de (2) ......, no se puede (3) ...... que la contribución de emisiones del sector aéreo (4) ...... excesivamente alta. Aun así, easyJet (5) ...... a sus pasajeros la opción de (6) ...... las emisiones de sus vuelos a través de bonos de carbono que se (7) ...... comprar al (8) ...... la reserva del vuelo.

Además de la anticipada muy impresionante reducción de CO_2 resultado de la utilización de energía más limpia, la Hidroeléctrica de Perlabi (9) ...... muy necesitados puestos de trabajo. Asimismo, el proyecto (10) ...... con el apoyo de la ONU.

easyJet: pioneros en créditos de carbono

Aunque se confirma que la aviación sólo contribuye un 1.6% de los gases de efecto invernadero, easyJet reconoce que las compañías aéreas deben enfrentarse a los efectos del cambio climático y contribuir a su erradicación.

La calculadora de carbono de easyJet calculará las emisiones de cada pasajero en cada vuelo y sugerirá la contribución adecuada en cada caso – que se espera sea alrededor de cuatro euros por viaje de ida y vuelta – como una opción durante el proceso de compra del billete. En un principio, la compañía va a utilizar las contribuciones de los pasajeros para comprar créditos de carbono del proyecto de la central hidroeléctrica de Perlabi en Ecuador. Este proyecto, aprobado por la ONU, genera electricidad limpia que reduce la dependencia de los carburantes fósiles, creando al mismo tiempo oportunidades laborales en la comunidad local. Según los pronósticos, el proyecto va a reducir 74.000 toneladas de emisiones durante los primeros 10 años.

2a Empezamos a emitir CO_2 antes de subir al avión. Escucha los clips y emparéjalos con el tema al que se refieren.

a equipaje
b la compra de billetes
c viaje al aeropuerto
d fabricación de aviones

2b Escucha una vez más. Empareja estas cifras con las palabras adecuadas. Describe con tus propias palabras lo que significan.

1	5.500.000	**a**	gramos de CO_2 (×2)
2	140	**b**	coches
3	34.000	**c**	pasajeros
4	3	**d**	kilómetros
5	100	**e**	litros de carburante (×2)
6	50.000	**f**	árboles
7	75		
8	3.000		

3 Lee las dos afirmaciones. Escoge una y reflexiona sobre cómo comunicar su mensaje y ampliar sus ideas principales. Expón tu opinión a un(a) compañero/a o a tu profesor(a). Debes estar preparado para defender tu punto de vista, responder preguntas y argumentar opiniones contrarias.

> *1 No es mi responsabilidad cuidar del planeta. Mi contribución es insignificante y puesto que mis antepasados no pensaron en mí cuando iniciaron la revolución industrial, no creo que nosotros debamos preocuparnos por el futuro que no hemos de ver. Será el problema de otros.*

> *2 Si todos ponemos nuestro grano de arena podemos conseguir un mundo mejor para nuestros hijos. Ser un poco responsables y conscientes no cuesta mucho y hay montones de cosas que podemos hacer sin cambiar radicalmente nuestras rutinas diarias.*

Avances científicos, médicos y tecnológicos

1a Lee estas ideas y clasifícalas según se refieran a características de tecnofilia o tecnofobia.

- **a** Siente una aversión exagerada hacia la tecnología.
- **b** Organiza su vida alrededor de la tecnología.
- **c** Siempre está dispuesto a utilizar los últimos avances tecnológicos.
- **d** Muestra un desinterés total por la tecnología.
- **e** Considera que perjudica a la sociedad.
- **f** Llega al extremo de vivir 'en y con el ordenador'.
- **g** Depende exageradamente de la tecnología.
- **h** Los avances tecnológicos producen tensiones sociales y psicológicas.
- **i** Tiene una fe ciega en las nuevas tecnologías.
- **j** Se siente disminuido al no saber manejar la tecnología con destreza.

1b Discusión oral: mira la tarjeta y lee las afirmaciones. Escoge una afirmación y reflexiona sobre cómo transmitir y ampliar sus ideas. Debes prepararte para responder preguntas, confrontar opiniones opuestas y justificar tu parecer. Empieza la discusión planteando tu punto de vista.

2 Escucha y contesta a las preguntas en inglés.

1. What is the disability of the patients?
2. How did they get it?
3. What does the article say about the technology used?
4. Who is Lyndon Da Cruz?
5. How does the technology work?
6. How has it benefited the patients?

3 Lee los titulares. ¿Cuál es tu reacción? ¿Hasta qué punto estás a favor de este uso de la tecnología disponible? Escribe unas 250 palabras.

Fertilización in vitro de una mujer de 62 años

¿Está capacitada para sobrellevar los turbulentos años de adolescencia? ¿Va a estar viva suficiente tiempo para ser una madre eficaz?

Tecnofilia o tecnofobia

La tecnología moderna nos hace la vida más cómoda, más larga y mejor. Hoy día, aunque lo nieguen, la mayoría de personas sienten un poco de tecnofilia debido a la gran dependencia de distintos tipos de tecnología. Esto nos ayuda a mejorar y continuar avanzando.

La tecnología no mejora nuestra calidad de vida, solamente nos hace querer más y nos transforma en una sociedad consumista y más materialista que nunca. Nuestros abuelos no tenían tantos avances y no hay nada que demuestre que no eran igualmente felices.

1 Traduce el texto al español.

RiverTango

LONDON INTERNATIONAL TANGO FESTIVAL

11–14 September

Once again at this year's River Festival visitors will have the opportunity to get a little closer to Buenos Aires, the city that gave birth to the Tango phenomenon.

This year River Tango promises to be even bigger and better than ever: four days of star performances, workshops led by top international tango teachers and live music, alongside traditional Argentinian barbeques (asados), beer and wine, stalls serving mate, craft stands and tango-related products such as shoes or CDs.

It all promises to be a passionate and memorable experience. See you there!

2a Ahora escucha esta tertulia. Identifica las palabras o expresiones que se definen a continuación.

1 Dar rienda suelta a un sentimiento o queja para aliviarse de él.

2 Con mucha capacidad para mover algo de peso o que hace resistencia.

3 Falta de amor o afecto a una persona o cosa.

4 Aflicción o tristeza.

2b Escucha otra vez y encuentra la palabra española para estos adjetivos.

unforgettable	honest	impossible	sad
heart-rending	easy	beautiful	sensual
melancholic	nostalgic	intoxicating	

2c Ahora rellena la tabla siguiendo el ejemplo.

adjetivo	sustantivo	verbo
inolvidable	olvido	olvidar

3 ¿Y tú? ¿Qué opinas del Tango? ¿Por qué crees que es tan popular? ¿Cómo lo describirías? Comparte tu opinión con tus compañeros/as.

4a Lee la sinopsis de la película. Escoge las afirmaciones correctas.

1 La película se centra en la estación veraniega.

2 Cristina está en una relación y va a casarse.

3 El pintor y las chicas se conocen desde hace algún tiempo.

4 La trama se basa en relaciones amorosas poco típicas.

5 El artista ya no está implicado con su esposa.

6 La trama es un festejo de las relaciones amorosas.

Vicky Cristina Barcelona

Dos jóvenes americanas, Vicky (Rebecca Hall) y Cristina (Scarlett Johansson) van a Barcelona a pasar las vacaciones de verano. Vicky es responsable y está prometida, pero su amiga Cristina es aventurera emocional y sexualmente. En Barcelona conocen a un pintor carismático (Javier Bardem) y se ven envueltas en una serie de historias románticas poco convencionales con el artista que todavía está involucrado con su ex-mujer María Elena (Penélope Cruz).

Rodada en la lujuriosa y sensual ciudad mediterránea de Barcelona, en *Vicky Cristina Barcelona*, Woody Allen celebra el amor en todas sus formas de una forma divertida y abierta.

4b Escribe la sinopsis de una película que hayas visto en el cine o en DVD recientemente. Intenta utilizar vocabulario de los ejercicios 2b y 2c que no uses habitualmente.

1a Escucha estas intenciones expresadas en el preámbulo de la Constitución española. Lee las frases a continuación y decide qué intención hace referencia a …

a la conservación de las costumbres de las CCAA

b la justicia social

c la convivencia mundial

d la prosperidad económica

e la voz del pueblo

f la evolución de la democracia

1b Lee esta definición de Constitución según el diccionario de la Real Academia de la lengua española. Imagina que tu instituto fuera un 'estado'. Diseña una constitución con al menos diez artículos.

> "La ley fundamental de un Estado que define el régimen básico de los derechos y libertades de los ciudadanos y los poderes e instituciones de la organización política".

Ejemplo: *La constitución establece el amparo de la seguridad física de estudiantes, personal docente y no docente en el perímetro del local.*

2 Lee estos comentarios. ¿Quién habla?

1 Es posible que España sea otra vez víctima del terrorismo a causa de su implicación en Afganistán.

2 La estrategia que se ha utilizado hasta ahora para erradicar a Al-Qaeda no ha sido muy eficaz.

3 Se debe apoyar la lucha contra organismos como Al-Qaeda.

4 Al-Qaeda justifica sus matanzas con la doctrina de su religión.

5 Los finales felices son cosas de las películas.

España, de Irak a Afganistán

Manuel: Participar en la invasión de Afganistán nos coloca otra vez en el punto de mira del terrorismo islámico. Si analizamos objetivamente lo ocurrido desde el 2001 hasta aquí, es evidente que por desgracia la forma de luchar contra Al-Qaeda es un rotundo fracaso. Los frutos de este tipo de lucha sólo se ven en las películas de Rambo, las cuales son sólo una fantasía.

Lucía: Pues yo considero que hay que luchar contra esas peligrosas organizaciones dondequiera que se encuentren. De hecho ellas nos matan en nuestra propia casa sin más excusa que la lucha contra 'el infiel'. Afganistán es el 'paraíso' de esa organización. No voy a recordar sus dogmas o sus criterios porque creo que son de sobra conocidos.

3a Lee el artículo y discute en clase las preguntas que siguen.

1 ¿Crees que se pueden justificar seis años de secuestro bajo alguna circunstancia?

2 Imagina que eres Ingrid Betancourt:

a ¿Qué crees que hubieses echado más de menos durante los seis años, cuatro meses y nueve días de secuestro en la selva colombiana?

b ¿Qué es lo primero que querrías hacer al ser liberado/a?

> **LIBERADA LA POLÍTICA COLOMBIANO-FRANCESA INGRID BETANCOURT DESPUÉS DE MÁS DE SEIS AÑOS DE SECUESTRO**
>
> Las fuerzas armadas revolucionarias de Colombia (FARC) pierden fuerza después de que las fuerzas de seguridad nacionales liberaran a la congresista Ingrid Betancourt y a otros quince rehenes en una operación de rescate de una audacia sin precedentes.

3b Investiga los orígenes y objetivos de las FARC. Escribe una composición de unas 500 palabras.

La Semana Santa en Antigua

En la ciudad de Antigua, se festeja la más grande celebración de la Semana Santa donde se conmemoran la Pasión de Cristo, su Crucificción y su Resurección en una costumbre que se remonta a la tradición andaluza llegada a Guatemala a través de los misionarios del siglo XVI.

Las procesiones empiezan el Domingo de Ramos cuando salen de la iglesia para recorrer el municipio andas de Jesús de Nazaret y de la Virgen de los Pesares cargadas, dado su peso extraordinario, por grupos de entre cincuenta y cien devotos.

De lunes a jueves, las calles se llenan de actos similares en memoria de los últimos días de la vida de Cristo.

La tarde del Viernes Santo, la ciudad se viste de luto y miles de plañideras queman incienso y llevan faroles detrás del hombre que carga el crucifijo y lidera la marcha. Las masas rezan silenciosamente mientras muchos lloran y hacen penitencia, y el espesor del incienso en el aire con las estatuas de Cristo crucificado crean una atmósfera inquietante.

El sábado las procesiones funerarias son dedicadas a la Virgen María y las andas son relativamente más pequeñas y cargadas por mujeres que llevan sus mejores vestidos y a menudo zapatos de tacón.

El Domingo de Pascua es un día de júbilo en el que se celebra la resurrección de Cristo y se ven fuegos artificiales en toda la ciudad.

Uno de los aspectos más impresionantes de la Semana Santa en Antigua es la muestra de sacrificio a través de las alfombras que adornan la ruta a seguir y que son preparadas con semanas o incluso meses de antelación para ser destruidas al pasar la procesión.

1a Lee el texto y contesta a las preguntas en inglés.

1 What do the people from Guatemala celebrate with these festivities?

2 What happens on Good Friday?

3 Why is the atmosphere haunting on that day?

4 What is special about Saturday's events?

5 How do they celebrate the Resurrection of Christ?

6 What is the significance of flower carpets?

1b Contesta en español.

1 Bajo tu punto de vista, ¿qué dice esta tradición sobre Guatemala?

2 ¿Qué piensas de ella?

3 ¿Crees que hoy día todavía se hace por motivos religiosos o para atraer a los turistas?

4 ¿Cómo se compara esta celebración con lo que ocurre en Semana Santa en tu país?

2a Escucha esta leyenda y completa las frases.

1 El apodo del rey franco nos hace suponer que …

2 Sin la ayuda de los catalanes, los francos …

3 La batalla fue un éxito porque …

4 Como muestra de agradecimiento Carlos …

5 Las cuatro barras rojas de la bandera catalana representan …

6 En Cataluña Guifré el Pilós se considera …

2b Utiliza tus propias palabras para explicar en español el significado de estas cuatro frases utilizadas en el clip. Escúchalo de nuevo si es necesario.

1 acudió inmediatamente a socorrer a su aliado

2 la lucha fue feroz

3 le rogó que velara por su pueblo

4 embadurnó sus dedos en la sangre

Essay-writing skills
Preparing and planning an essay

Whichever type of essay you choose (discursive, creative or research-based) you will need to show reasoned, logical and independent analysis or that you can write with imaginative flair.

All essays require you to:

- organise and develop your ideas
- express and justify your opinions on the subject
- use a wide range of vocabulary
- manipulate language showing more complex structures
- be accurate and confident in your use of language

So make sure you know what the **different types** of essay require you to do:

Discursive – discuss a point; argue in favour or against or give a 'don't know' answer or balanced argument for both sides; make sure there is a clear structure and an informed conclusion.

Creative – use your imagination to continue/develop a storyline or write freely around a given theme; use idiomatic language.

Research-based – this will require you to give a more factual response based on a given background cultural topic (geography, history, literature or the arts) about a Spanish-speaking country or region.

Focus on the question

- **Highlight** or **underline** each aspect of the title or question you are required to respond to.

Does it require you to:

a take a side of an argument?

b weigh up and evaluate a controversial point of view?

c give information on different aspects of a subject?

1 Decide which of these titles is a, b or c, above. Underline the key aspect(s) of the question you need to respond to.

1	Describe un desastre medioambiental que has visto o conoces. Examina lo que pasó y da tu opinión. ¿Qué crees que se ha podido hacer para evitarlo?
2	El turismo masivo está destruyendo el medio ambiente. ¿Estás de acuerdo?
3	Los avances médicos nos aportan tantas ventajas como desventajas. Discute.
4	Es importante poder protestar. ¿Qué tipo de protesta es el más eficaz en tu opinión?
5	¿Cómo será la vida en los años 2050?
6	¿La nueva tecnología nos proteje o nos amenaza?

2 With a partner discuss and decide how you are going to tackle **one** of the above questions. Make notes and then compare them with ideas from the rest of the class.

3 Check back on the work covered so far and think up essay titles for each of the topic areas below. Indicate if they are type a, b or c. Compare your titles with the rest of the class and decide which are the best examples.

- la polución
- la energía
- el crimen y el castigo
- la inmigración
- la integración social

Write a skeleton plan

- **Length** – check the total number of words required and work out the number for each section to ensure you maintain a balance.

- **Structure** – decide on the format and style of your presentation so that you build this into your plan. It may help you to practise following this format.

> **Arguing for** – indicate arguments against first (one paragraph), then refute with strong arguments for (several paragraphs).
>
> **Arguing against** – make the case for (one paragraph), then counter with strong arguments against (several paragraphs).
>
> **Undecided** – this is more difficult as you need to present arguments for and against each point made, and this can become confusing.

Whichever type of essay you write you will basically need an **introduction**, **main body** and **conclusion**.

- Start with the main body of your essay.

- Construct a simple, clear diagram of the three or four different points of your answer.

> "Las pandillas adolescentes van armadas de navajas y hoy en día son cada vez más violentas." ¿Cuáles son las causas y cuáles las soluciones a tal problema que nos afecta a todos?
>
> | Causas | | Soluciones |
> |---|---|---|
> | Familia | ????? | Familia |
> | Colegio | | Colegio |
> | Leyes | | Leyes |
> | Sociedad | | Sociedad |

4 Check the main headings for the above outline plan. Can you add any more to the list? Are they in the correct order? Do they answer the question adequately? Does this pattern help you to sort out your first thoughts clearly?

5  Work with a partner and look again at the list of titles from activity 3. Think about all the different aspects you might want to include for each one. Ask yourself if the focus is too narrow and limiting or if it is too broad and vague.

Write a detailed plan

- Add **detail** to each point.

- Jot down the **main evidence** and **illustrations** for the points you want to make in each section.

- Add your **opinion** and **evaluation** for each point.

6 Fit these details to the sample outline plan. Add more ideas of your own.

> **Falta** – de autoridad, de instrucción, de guía, de moralidad, de responsabilidad, de modelos adecuados
>
> **Demasiado** – libertad, derechos, egoísmo, consumerismo
>
> **Balance** – entre (re)educar y castigar

- Check ideas follow a logical sequence.

- Link ideas together.

7 As a whole class, share your essay plans. Ask the following questions:

a Do all the points listed help to answer the question? Are any irrelevant?

b Does each paragraph focus on a different aspect of the question?

c Do the examples given illustrate and explain each point adequately?

d Does it all follow a logical sequence?

e Could you have done anything differently?

- Finally, having sorted out the content, ask yourself if you have sufficient language structures and a wide enough range of vocabulary to be able to write a 'good' answer.

Writing an essay

Writing an introduction

- This should be relevant and interesting, and introduce the reader to the theme you are going to develop – it must give a **good first impression**.

- **Length** – keep it brief, about one sixth of the total word count.

- **Refer to the title** in some way to show you are responding but don't repeat the title – just make an oblique reference. Paraphrase, summarise, use an alternative way of saying the same thing.

  Por lo que se refiere a …   En cuanto a …

- **Present a list of the main points** to come – this allows the reader to follow logical steps. It also serves as a check list for you as you write. To connect it all together use phrases such as:

  En primer lugar …   Entonces …
  Después …   Hay X causas principales …

- **Express a personal stance** – not too forceful at the outset, just give an idea of your thoughts on the subject.

  Me parece que …   En mi opinión …

- **Leave something for the conclusion** – take care not to cover all points you want to make too thoroughly. Leave one major point for the end.

  Finalmente hay que insistir/mencionar …
  No se debe olvidar …

- **Provide a smooth lead in to the main body** of your essay – this is very important as it shows you have written a good introduction.

  A continuación vamos a tratar/considerar …

1 Write a sentence describing the focus of the essay you chose in activity 2 on page 114.

2 Follow the steps listed above and write just one sentence for each bullet point to show you have understood the process.

3 With a partner plan some sample introductions for some of the other titles of activity 1 on page 114.

4 Discuss what you have planned with the rest of the class. How could you improve on what you wrote?

Writing a conclusion

- Beware of too much **repetition**: this is where you often lose points, as repetition verbatim of the introduction is not good.

- Find ways to **sum up** the main points.
  En conclusión …   Se puede concluir que …

- End on a high note by making **one final important point** not previously mentioned.
  Para resumirlo todo …   En resumen …

- Sum up the most difficult point in a new way **offering a solution** perhaps which wasn't previously touched upon.
  Sirve para demostrar que …

- **Look to the future** or even **ask another pertinent question** or **suggest a good idea**.
  Dentro de x años tendremos que …/habrá que …/deberíamos …

- Even end with a well-aimed **quote** or **proverb**.
  Más vale tarde que nunca
  Más vale prevenir que lamentar

5 Which of these words or phrases would you use in the introduction and conclusion?

> en suma   por último   en primer lugar
> es importante comenzar por
> se puede resumir   hay que abordar
> en conjunto   todo sirve para demostrar que
> lo primero que hace falta señalar es que
> es un círculo vicioso
> estos factores me llevan a pensar que
> consideremos el significado de la palabra/frase X
> es imprescindible considerar todos los aspectos
> positivos antes de …
> quiero explicar por qué …   primeramente

6 Now write a concluding sentence for the essay you chose in activity 2 on page 114, starting with one of the phrases below.

¿Hasta qué punto …
¿Adónde nos lleva …

7 With a partner analyse and compare how your introduction and conclusion relate to the main body of your detailed plan.

Writing the main body of the essay

Content

Once you have planned how you are going to present your argument, state your case.

- Think in **paragraphs**.
- State a single **main point** in a short clear sentence.
- Give a brief **definition** or **explanation** of that point.
- Add one or two **examples** to illustrate what you mean.
- Include your own **opinion** or **response**.
- Try to put the point into a more general **context** and **evaluate**.
- Follow your plan: 1 state your case
  2 give examples   3 evaluate

8  Brainstorm as a whole class and

a write down 10 phrases or words which start off a paragraph.

b write down 10 words or phrases to sum up points.

c make out lists of useful phrases expressing opinions.

d decide which ones suit your essay plan and learn them by heart.

9 Draft another paragraph of the model essay (activities 1 and 2, page 114) and use examples from a–d above. Don't forget to:

- write on alternate lines.
- state the total number of words at the end.
- present each fact, opinion or idea clearly.
- illustrate each one with relevant information.

Language

Having planned and thought about the content of your essay, now turn your mind to the range of structures and vocabulary – the language.

- Find **synonyms** or **antonyms** for well-used words or verbs.
- Use **prefixes** or **suffixes** denoting opposites or repetition.
- Think about **word families** to use a noun instead of a verb, adjective or adverb.
- Remember, when using two or more **adverbs** to put the *-mente* onto the last adverb only.

- Try to express awkward sentences in **a different way** (make passive sentences active).
- Write down and learn by heart a few more **complex language structures** you can use in a variety of contexts.
- Write down phrases requiring **the subjunctive** to express doubt, possibility or emotion.
- Try to use a **variety of tenses** but only as far as the logic of what you want to say allows.
- Don't forget **pronouns** to avoid repetition.
- Remember to use **specialised** and **technical vocabulary** where appropriate.

10 Check over past essays and find words you have used several times. Then find synonyms or antonyms for them. Find synonyms for:
considerar   tener   ser   estar
aspecto   idea   soluciones

11 Write out lists of words and phrases you can use to connect or link sections, add information, contrast aspects, give reasons, or sequence and balance an argument. Categorise the following:

> además   en relación con   en cuanto a
> según   debido a   por lo que   en cambio
> igualmente   no obstante   gracias a
> por el contrario   no sólo ... sino también
> mientras que   por contra   por consiguiente
> como consecuencia   sin lugar a dudas
> de hecho   a continuación

12 Translate the following phrases:

a It is a well-known fact that …

b Let's look at the evidence in more detail.

c There are several possible solutions in my opinion.

d Having thoroughly examined all the facts, …

e Let's use as an example …

13 Find idiomatic ways to say the following:

a As far as I am concerned …

b For what it's worth …

c I have simply no idea …

d There is absolutely no doubt whatsoever in my mind that …

e There is no point at all in trying to convince me that …

f Last but not least …

117

The research-based essay

Researching and preparing a topic

- **Choose topic areas** you are confident about and know you can find sufficient information on. Be realistic and not too over-ambitious, so expand on a topic already introduced. These could be:
  - a Spanish-speaking country, region or city.
  - a period of Spanish or Latin-American history.
  - recent events and social and political issues and their impact on that society.
  - the work or works of an author/dramatist/poet/ film director/artist/architect from a Spanish-speaking country.
  - a Spanish-language text, play or film.

- **Check the exam specification** and make sure you have covered all areas and aspects required. It may suggest sub-topics with a narrower or more detailed focus for each topic.

- Beware of spending too much time trawling the internet. **Keep focused** on your particular aspect.

- Keep a **bibliography** of all website addresses and other sources of information with dates and page references.

- Take **notes in Spanish** as this will help you to find good language structures and essential vocabulary.

- If you want to include **quotes** or **sources** you must remember them precisely and be able to write them out accurately.

- Organise your notes onto **revision cards** for each text or topic area.

- Make lists of the most **essential** or **technical words** and phrases relevant for each one.

- Write down **evidence** and **illustrations** for the points you want to make. Write these down under each topic as bullet points.

- Ensure your information is **up to date** and covers recent years.

1 Work with a partner.

a List the topic areas or texts you have already studied for the research-based essay. Make out cards for each one.

b Think about all the different aspects or issues you might want to include. Can you add any sub-topics?

c Write down a specific focus for each aspect. How many technical words can you remember for each one?

d Develop your own ideas and opinions for each aspect.

e Compare your ideas with those of other students and discuss the merits of each one. As with the discursive essay, ask yourself if the focus is too narrow and limiting or if it is too broad and vague.

For advice and ideas about how to prepare for the cultural background topics look back at page 79 Unit 7 as well as Hoja 34.

2 Practise finding two or three relevant articles on the internet (or elsewhere) for each of these topic areas:

- las películas de Gael García Bernal
- la lucha de los Zapatistas en Méjico
- las pateras que llegan a Canarias

3 From the information gathered think of possible question titles.

4 Make out cards containing bullet points under the following headings:

Spanish-speaking region or country

- Geography – past, present and future influences
- History – past, present and future influences
- Industries – changes and future prospects
- Population – changes and future trends
- Economy – influences, trends and future developments
- Culture, traditions and lifestyles of society
- Personal perspective – living in that country or region

Literary works – author, dramatist or poet

- Themes, plot and how they are expressed
- Protagonist's role and importance
- Influences on and aspiration of the author
- Appraisal/evaluation of a specific work

The arts – theatre, cinema, music, architecture

- The context and influences
- Ideas and techniques
- Detailed study appraisal and personal evaluation

Writing a research-based essay

Applying what you have learnt to a specific exam question is the hardest part. Don't write simply everything you know on the subject. You will only be marked for what you show is relevant to a specific question. An essay in perfect Spanish which does not answer the question will not gain many marks.

- Follow the planning and writing steps you have already practised (pages 114–117).

- Check the specification for the exact number of words required.

- You need to show:
  - how you are going to deal with each aspect of the question
    so organise and develop, then link your ideas carefully.
  - detailed knowledge
    make sure you have key facts, figures and plenty of specific examples.
  - understanding of the issues or area(s) of focus
    give your opinion and also try to evaluate.
  - fluency, variety and accuracy of Spanish
    use complex structures and specialised vocabulary relevant to the focus.

- Finally remember to revise and check your work.

NB: If your essay is over-length, your conclusion may not be marked and you will lose marks for lack of structure.

Literatura y los artes

Escribe sobre un protagonista en tu libro u obra elegido. Explica su papel y su importancia y da tu opinión sobre la eficacia del autor o director en crear este personaje.

Introduction

- *El coronel* no tiene quien le escriba – obra maestra en 100 páginas que marca el desarrollo de la novela de GG Márquez y el prototipo de sus personajes que pueblan sus obras.

Main Body

- **Personaje principal:** el coronel (nunca aprendemos su nombre). Símbolo de coraje moral y físico, figura trágica y cómica a la vez.

- **Los otros personajes** (símbolos que reflejan personalidad del protagonista): su mujer, el gallo, el cura, el alcalde, el doctor, el hijo muerto.

- **Temas importantes:** la pobreza, la muerte, la vida provincial, la iglesia, los militares, la política, el clima.

- **Características de su estilo:** el narrativo, la objetividad, el ambiente, el humor (negro/cínico/divertido/chistoso), realidad versus magia.

Conclusión

- "Nunca es demasiado tarde para nada" afirma la confianza del protagonista al igual que el autor en hacer lo mejor en un mundo imperfecto.

Sample essay plan

5  Underline the main aspects of the question to be answered. Study the draft plan and discuss it with your partner. What details need to be added? Are there too many or irrelevant details? Does it follow a logical sequence? How could it be improved?

6 Choose one of these research-based essay questions and draft a plan in Spanish. Compare and discuss your plan with a partner.

1 Analiza las industrias de la región que has estudiado y evalúa cómo van a desarrollar durante los próximos veinte años.

2 En tu opinión, ¿quién fue la persona más destacada del siglo veinte en el país o la región que has estudiado?

3 Analiza las razones para el éxito del artista que has estudiado.

4 Escribe sobre un rasgo de la sociedad hispanohablante que te interesa. Explica por qué eso te resulta de importancia.

Content, structure and language

- Give yourself time (ten minutes) to revise and check your work.

- As you have written on alternate lines, put any corrections clearly on the blank line above.

- State the number of words.

- Remember, to check that what you have written shows you are **well informed** and includes a **range of opinions** and **observations**.

- Keep asking yourself whether you have **evaluated**, **analysed** and **responded accurately** to the question.

- Beware the common pitfalls such as:
  - digression
  - loss of thread
  - contradictions
  - poor punctuation (either lack of it or too much)
  - story telling
  - padding
  - repetition

As you read through your essay ask yourself these questions:

Introduction
- Can you identify immediately what the topic and the particular aspect is? Is this stated precisely?
- Do(es) the opinion(s) expressed reflect the stance taken in the title?

Main body
- How is this linked to the introduction? Does it follow on smoothly and logically? Does the sequencing of each paragraph link together clearly?
- What examples and evidence can you list from what has been written? Is there a wide range? How relevant are they? How carefully do they illustrate your point, and how precisely written are they?
- Have you given a valid opinion?

Conclusion
- Have all the previous points made contributed towards the summing up?
- Does it respond to the main point of the title?

Overall
- Is the piece of writing the correct length? Is there a balance between paragraphs, introduction and conclusion?
- Is there a good balance throughout between your comments and the evidence you have provided?
- If you have done a creative rather than discursive or research-based essay, does it still reflect the above and demonstrate a careful exploration of the chosen aspect and evaluation of the evidence?
- How well presented is your essay?

- Create your own strategies for checking your work. Use the checklist you devised on page 89 to check all grammar.

- Focus on different grammar points each time you read through your essay – verbs, gender, position of adjectives etc.

- Remember there may be various aspects for each grammar point. For verbs – tense, person, ending as well as type of verb (radical-changing or spelling change); subjunctive or indicative; passive or active.

- Remember accents are used to determine stress as well as to differentiate meaning. (el/él; si/sí; solo/sólo)

1 Study the text below.

   a Indicate the tense of each of the verbs underlined. Explain why each one is used.

   b Find two mistakes of agreement of person in verbs.

   c Find five mistakes of agreements of adjectives then correct them.

   d Find an example of a use of a direct object and indirect object pronoun and explain which word it substitutes/relates to.

Muchas españoles no quieren que <u>haya</u> un debate sobre su herencia cultural. Otros tantos está muy contentos de que <u>puedan</u> celebrarla. Es una lástima que unos <u>quieran</u> acoger las joyas arquitectónicos de Córdoba y Granada como herencia suyo pero que al mismo tiempo <u>rechazen</u> el mestizaje evidente de la mezcla de razas – judío con cristiano con musulmán.

La semana pasado el embajador marroquí pidió que se <u>pusiera</u> fin a tal fobia primitivo y les aconsejamos a todo los españoles que <u>reconocieran</u> su herencia que aun existe en el nombre de la capital – Madrid que viene de la palabra árabe Majerit – y la catedral de la misma – la Almudena.

Grammar

This section sets out the grammar covered in *Ánimo 2 para OCR* as a comprehensive unit but is not a complete grammar. Students should also refer to the *Ánimo* Grammar Workbook and other reference books.

1 Nouns and determiners

Nouns are the words used to name people, animals, places, objects and ideas.

1.1 Gender: masculine and feminine

All nouns in Spanish are either masculine or feminine. Endings of nouns **often** indicate their gender, but not always. Many of the exceptions are fairly common words.

Masculine endings	Exceptions
-o	*la radio, la mano, la modelo, la foto*
-e	*la calle, la madre*
-i	*la bici*
-u	*la tribu*
-or	*la flor*

Also masculine are:

- words ending in a stressed vowel, e.g. *el café*
- rivers, seas, lakes, mountains and fruit trees
- cars, colours, days of the week, points of the compass

Feminine endings	Exceptions
-a	*el poeta, el futbolista, el planeta, el día, el problema, el clima, el tema*
-ión	*el avión, el camión*
-ad/-tad/-tud	–
-z	*el pez, el lápiz*
-is	*el análisis, el énfasis*
-ie	*el pie*
-umbre	–
-nza	–
-cia	–

Also feminine are:

- letters of the alphabet, islands and roads
- countries, cities and towns, though there are exceptions such as *el Japón* and *el Canadá*
- Nouns referring to people's jobs or nationalities usually have both a masculine and a feminine form:
  el actor/la actriz
  el profesor/la profesora
  el abogado/la abogada
- Sometimes there is only one form used for both masculine and feminine:
  el/la cantante   el/la periodista
  el/la artista   el/la juez
- Some nouns referring to animals have only one gender whatever their sex:
  la serpiente, el pez, la abeja

Grammar

- Some nouns have two genders which give them different meanings:

el corte – cut of hair or suit	*la corte* – the royal court
el capital – money	*la capital* – capital city
el frente – front	*la frente* – forehead
el guía – guide	*la guía* – guide book
el orden – order/sequence	*la orden* - order/command
el policía – policeman	*la policía* – police force
el pendiente – earring	*la pendiente* – slope

- Names of companies, associations or international bodies take their gender from that group, whether it is stated as part of the title or simply understood:

  la ONU – la Organización de las Naciones Unidas
  la UE – la Unión Europea
  la Renfe – la Red Nacional de Ferrocarriles Españoles
  el Real Madrid – el (equipo de fútbol) de Real Madrid
  el Corte Inglés – el (almacén) Corte Inglés

1.2 Singular and plural

Singular refers to one of something; plural refers to more than one. To form the plural:

Add *-s* to nouns ending in a vowel or stressed *á* or *é*:

el libro (book)	→	*los libros*
la regla (ruler)	→	*las reglas*
el café (café)	→	*los cafés*

Add *-es* to nouns ending in a consonant or stressed *í*:

el hotel	→	*los hoteles*
el profesor	→	*los profesores*
el magrebí	→	*los magrebíes*

except for words ending in an *-s* which do not change in the plural:

el lunes	→	*los lunes*
la crisis	→	*las crisis*

Some words add or lose an accent in the plural:

el joven	→	*los jóvenes*
el jardín	→	*los jardines*
la estación	→	*las estaciones*

Words that end in *-z* change this to *c* and add *es*:

el lápiz	→	*los lápices*
la voz	→	*las voces*

- Some words use a masculine plural but refer to both genders:

  los reyes – the king and queen
  los hermanos – brothers and sisters
  los padres – parents

- Surnames do not change in the plural:

  los Ramírez, los Alonso

- Some nouns are used only in the plural:

  las gafas – spectacles
  los deberes – homework
  las vacaciones – holidays

1.3 Determiners: definite and indefinite articles

Determiners are used with nouns and limit or determine the reference of the noun in some way. They can tell you whether the noun is masculine (m.), feminine (f.), singular (sing.) or plural (pl.).

The **definite article** (**the**) and the **indefinite article** (**a/an, some, any**) are the most common determiners.

	singular		plural	
	m.	f.	m.	f.
the	el	la	los	las
a/an	un	una	unos	unas

Note: A word which begins with a stressed *a* or *ha* takes *el/un* because it makes it easier to pronounce, but if it is feminine, it needs a feminine adjective:
El agua está fría.   *Tengo mucha hambre.*
This does not apply if the noun has an adjective before it:
la fría agua.

- When *a* or *de* comes before *el* then a single word is formed:

a + el	→	*al*
de + el	→	*del*

- Use the definite article with parts of the body and clothes, with languages (but not after *hablar, estudiar* or *saber*), with mountains, seas and rivers, and with certain Latin-American countries and cities and people's official titles.
  Tengo la nariz larga.
  Me duele la cabeza.
  Me pongo el uniforme para el colegio para en casa llevo unos vaqueros y una camiseta.

El español es fácil.
Estudio francés desde hace dos años.
He visitado el Perú y la Ciudad de Guatemala.
el Rey don Juan Carlos I, la Reina doña Sofía

- Use the definite article before *señor/señora* when speaking about someone but not when speaking to someone.
Lo siento, el señor Ruíz no está.
but *Buenos días, señor Ruíz.*

- Use the definite article to refer to a general group but not when referring to part of a group and to translate 'on' with days of the week.
Las sardinas son muy nutritivas y las ostras también.
Siempre comemos sardinas los viernes al mediodía.

- The indefinite article is used in the plural form to mean 'a few' or 'approximately'.
El mar está a unos tres kilómetros del pueblo.

- The indefinite article is not used when:
– you refer to someone's profession, religion, nationality or status:
Soy profesora.
María es española.
Quiere ser astronauta.
Su padre es senador.
Juan es católico.
except if there is an adjective:
Es una buena profesora.
Es un francés muy educado.
– you say you haven't got something:
No tengo hermanos. No tenemos dinero.
– the noun refers to a general group:
Siempre comemos espaguetis con tomate.
– *otro, tal, medio, qué, tal* and *mil* are used before a noun:
No hubo otro remedio.
Nunca quise hacer tal cosa.

1.4   The neuter article

This is used with an adjective to make an abstract noun.
Lo bueno es … The good thing (about it) is …
No sé lo que quieres decir con esto. I don't know what you mean by that.

1.5   Demonstrative adjectives and pronouns

Demonstrative adjectives are used to point out an object or person. They always come before the noun.

singular		plural		
m.	f.	m.	f.	things or persons
este	esta	estos	estas	this/these: things or persons near the speaker (aquí)
ese	esa	esos	esas	that/those: near to the person spoken to (allí)
aquel	aquella	aquellos	aquellas	that/those: further away (ahí)

Me gusta esta camisa pero no me gusta esa camiseta ni aquella chaqueta.

Demonstrative pronouns take an accent and agree with the noun they are replacing. They **never** have a definite or indefinite article before them.

éste	ésta	éstos	éstas	something near to the speaker
ése	ésa	ésos	ésas	something near to the person being spoken to
aquél	aquélla	aquéllos	aquéllas	something further away from both of them

Hablando de camisas, ésta es mucho más bonita que ésa.
Tal vez, pero prefiero el color de aquélla.
Note: The forms *esto* and *eso* refer to general ideas or unknown things.
¿Qué es esto? ¡Eso es! ¿Eso es todo?

Grammar

1.6 Possessive adjectives and pronouns

Possessive **adjectives** show who or what something belongs to. They come before the noun and take the place of the definite or indefinite article. Like all adjectives they agree with the noun they describe.

singular		plural		
masculine	feminine	masculine	feminine	
mi	mi	mis	mis	my
tu	tu	tus	tus	your
su	su	sus	sus	his/her/ your (formal)
nuestro	nuestra	nuestros	nuestras	our
vuestro	vuestra	vuestros	vuestras	your
su	su	sus	sus	their/your plural (formal)

¿Es mi libro o su libro?
Nuestro colegio es pequeño.
¿Cuáles son tus asignaturas preferidas?

Remember to use a definite article with parts of the body and clothes and not a possessive adjective.
Voy a lavarme el pelo. Esta mañana me puse el uniforme.
Possessive **pronouns** are used instead of the noun. They **do have** a definite article before them.

singular		plural	
masculine	feminine	masculine	feminine
(el) mío	(la) mía	(los) míos	(las) mías
tuyo	tuya	tuyos	tuyas
suyo	suya	suyos	suyas
nuestro	nuestra	nuestros	nuestras
vuestro	vuestra	vuestros	vuestras
suyo	suya	suyos	suyas

Other determiners are:

- Indefinite adjectives or pronouns and quantifiers: some(one) – *alguien*, some(thing) – *algo* do not change their form:
  Alguien vino a verte. Algo ha pasado aquí.
  Algo can be used with an adjective or with *de*:
  Sí, es algo interesante. ¿Quieres algo de comer?
  Some, a few – *alguno (algún)*, *algún día de estos*, *alguna cosa* must agree with the noun they describe.

- *Mucho, poco, tanto, todo, otro* and *varios* must agree with the noun they represent or describe.

- These two do not change before a noun:
  cada – cada día (each/every day)
  cualquier – cualquier cosa que necesites (whatever you need)
  However, *cualquiera* is used after a noun of both masculine and feminine forms.

2 Adjectives

Adjectives are the words used to describe nouns.

2.1 Making adjectives agree

In English the adjective always stays the same whatever it is describing. In Spanish it changes to agree with the word it is describing according to whether this is masculine, feminine or plural.

- Many adjectives ending in -*o* (masculine) change to -*a* for the feminine form and add -*s* for the plural.
  negro – negra – negros – negras
  bonito – bonita – bonitos – bonitas

- Many other adjectives have a common form for masculine and feminine:
  un loro verde/una culebra verde
  unos loros verdes/unas culebras verdes

- Adjectives ending in -*án*, -*ón*, -*in* and -*or* add an -*a*/-*as* for the feminine form and lose their accent:
  holgazán – holgazana
  ricachón – ricachona
  parlanchín – parlanchina
  hablador – habladora
  Exceptions are: *interior, exterior, superior, inferior, posterior* and *ulterior*

- To make an adjective plural, follow the same rule as for nouns.
  Add -*s* to a vowel: *unos pájaros rojos, unas tortugas pequeñas*
  Add -*es* to a consonant: *unos ratones grises, unos perros jóvenes*
  Change -*z* to -*ces*: *un ave rapaz, unas aves rapaces*

- Some adjectives of colour never change:
  el vestido rosa, el jersey naranja

- When an adjective describes two or more masculine nouns or a mixture of masculine and feminine nouns, usually the masculine plural form is used:
  la casa y los muebles viejos

- If the adjective comes before two nouns it tends to agree with the first noun:
  Tiene una pequeña casa y coche.

2.2 Shortened adjectives

Some adjectives lose their final *-o* before a masculine singular noun.
buen, mal, primer, tercer, ningún, algún
Es un muy buen amigo.

Any compound of *-un* shortens also:
Hay veintiún chicos en la clase.

Grande and *cualquiera* shorten before both masculine and feminine nouns:
Es un gran hombre. Es una gran abogada.
Cualquier día llegará. cualquier mujer

Santo changes to *San* except before *Do-* and *To-*:
San Miguel, San Pedro
but *Santo Domingo, Santo Tomás*

Ciento shortens to *cien* before **all** nouns
(see section 19).

2.3 Position of adjectives

In English, adjectives always come before the noun:
My little sister has a black cat.

In Spanish, adjectives usually come after the noun:
Mi hermana pequeña tiene un gato negro.

Numbers, possessive adjectives and qualifiers come before nouns:

mi primer día de cole	*poca gente*
su último recuerdo	*tanto dinero*
muchas personas	*otra semana*
cada día	

- Sometimes whether an adjective is positioned before or after the noun affects its meaning.
  un pobre niño   an unfortunate child
  but *un niño pobre*   a poor (penniless) child
  un gran hombre   a great man
  but *un hombre grande*   a tall man

  Other adjectives which vary in this way are:
  antiguo – former/ancient
  diferente – various/different
  varios – several/different
  nuevo – another/brand new
  medio – half/average
  mismo – same/self
  puro – pure/fresh

- Some adjectives have different meanings according to the context:
  extraño – unusual, rare/strange, weird
  falso – not true/false in the sense of counterfeit
  simple – only/not very bright/simple in taste
  verdadero – true/real
  original – prime/original/creative/bizarre

3 Adverbs

Adverbs are used to describe the action of a verb. They do not agree with the verb, so unlike adjectives they do not change. They can also describe adjectives or another adverb.

- Many adverbs are formed by adding *-mente* to an adjective:
  fácil   →   *fácilmente*
  posible   →   *posiblemente*
  normal   →   *normalmente*

- If the adjective has a different feminine form, you add *-mente* to this:
  lento → *lenta* + *-mente*   *lentamente*
  rápido → *rápida* + *-mente*   *rápidamente*

- Sometimes it is better to use a preposition and a noun:
  con frecuencia, con cuidado

- Sometimes an adjective is used as an adverb, e.g.
  Trabajamos duro todo el día.

- Some adverbs which do not end in *-mente*:
  siempre   nunca   muy   mucho   poco   bien
  mal   rara vez   muchas veces   a menudo
  algunas veces   a veces

  Bastante and *demasiado* can be both adjectives and adverbs.

- It is better not to start a sentence in Spanish with an adverb but there are some exceptions such as *solamente/sólo* and *seguramente*.

- When two or more adverbs are used together then only the last one has *-mente* added to it:
  El ladrón entró cautelosa, silenciosa y lentamente.

- Make sure adverbs of time are placed next to the verb.
  Siempre comemos a la una.

Grammar

4 Comparisons

Adjectives and adverbs follow the same rules.

4.1 The comparative

To compare one thing, person or idea with another in Spanish use:

más … que	España es más grande que Guatemala. José habla más despacio que Pepe.
menos … que	Hay menos gente en Guatemala que en España.

● When *más* or *menos* is used with a number or a quantity, *de* is used in place of *que*.
En mi colegio hay más de mil estudiantes pero en mi clase hay menos de treinta.

● To say one thing is similar to or the same as another, you can use:
el/la mismo/a que – the same as
tan … como – as … as
tanto … como – as much … as

● To say 'the more/the less' use:
cuanto más/menos … (tanto) menos/más …
Cuanto más considero el problema tanto más me confundo.
Cuanto más trabajo parece que menos gano.

4.2 The superlative

The superlative compares one thing, person or idea with several others. To make a superlative, use:

el más   la más   los más   las más/menos
(mejor/mejores peor/peores)

Este libro es el más interesante que he leído en años.
Las películas de terror son las menos divertidas de todas.

● If the superlative adjective immediately follows the noun you leave out the *el/la/los/las*:
Es el río más largo del mundo.

● Note that *de* translates 'in' after a superlative.

● Note that you need to add *lo* if the sentence contains more information:
Me gustaría llegar lo más pronto posible.

● Absolute superlatives *-ísimo, -ísima, -ísimos, -ísimas* are added to adjectives to add emphasis and express a high degree of something.
Tengo muchísimas ganas de verte.
La comida no estaba rica, estaba riquísima.

Irregular forms of the comparative and superlative

These do not have different masculine and feminine forms.

bueno/a	mejor	el mejor/la mejor
malo/a	peor	el peor/la peor

Mayor and *menor*, meaning older and younger, can be used to mean bigger and smaller also:
Mi hermano menor es más grande que mi hermano mayor.
They are also used in set expressions:
La Fiesta Mayor, el Mar Menor

5 Prepositions and linking words

5.1 Prepositions

Prepositions are used before nouns, noun phrases and pronouns, usually indicating where a person or object is and linking them to the other parts of the sentence.

● Prepositions can be single words: *de, con, por,* etc. or made up of more than one word: *al lado de, junto a,* etc.

● When a verb follows the preposition in Spanish it must be in the infinitive form:
después de entrar, al volver a casa, antes de comer

● Some verbs have a specific meaning when combined with a preposition:
tratarse de – to be a question of
pensar en – to think about
pensar de – to think of

● Some prepositions tell you when something happens:
durante, hasta, desde

Some prepositions can be quite tricky to translate into English:

● *a* = direction or movement to:
Voy a Málaga.
a = at a specific point in time
Voy a las once en punto.

● *en* can mean in and on and sometimes by:
en la mesa
en el cuarto de baño
en coche/en tren/en avión

● Remember that days of the week and dates do not take a preposition as they do in English.

- *Sobre* can mean on (top of), over, about (concerning) and about (approximately):

  El florero está sobre la mesa.
  El avión voló sobre la ciudad.
  El reportaje es sobre la conferencia.
  El documental empieza sobre las 10.

- *De* can denote possession, material made from or content, profession, part of a group or origin:

  el padre del niño
  la pulsera de oro
  la revista de muebles antiguos
  Trabaja de profesora.
  unos pocos de ellos
  Es de Marbella.

- Many other prepositions are followed by *de*:

delante de	*cerca de*	*detrás de*	*al lado de*
enfrente de	*debajo de*	*encima de*	

  Remember *a + el = al*

  Vamos al mercado.
  La cama está junto al armario.

  de + el = del

  Salen del cine a las siete.
  Hay una silla delante del escritorio.

- Both *por* and *para* are usually translated by 'for' in English, but they have different uses:

  Por is used to mean:
  – along/through: *por la calle*
  – by/how: *por avión*
  – in exchange for something:
  Quiero cambiarla por aquella camisa.
  Gana ocho euros por hora.
  – a period of time: *Voy a quedarme por un mes.*
  – cause: *¿Por qué estás estudiando?*
  Porque quiero sacar buenas notas.
  – *Por* is also used with the passive:
  hecho por los Romanos
  Para is used to show:
  – who or what something is for: *Este regalo es para mi padre.*
  Tenemos un garaje para dos coches.
  – purpose: *¿Para qué es esto?* What's this for?
  – in order to: *Estudió mucho para pasar los exámenes.*
  – future time: *Lo haré para cuando regreses/para el martes.*

Some useful expressions:
por supuesto   *¿Por qué?*   *Porque …*   *por fin*
por eso   *por lo general*   *por lo visto*
Las notas aún están por salir (the results still haven't come out)
El tren está listo para salir (the train is ready to leave)

- **The personal *a***

This is not translated into English, but is used before object pronouns and nouns referring to specific and defined people and animals. It is a mark of respect to distinguish living things from objects.
Busco a mi hermano. Quiero a mis abuelos. Pregunta a tu profe.
It is not used after *tener*: *Tengo un hermano y dos primas.*
It is not used if the person has not yet been specified: *Se busca dependiente.*

5.2   Conjunctions (connectives)

Conjunctions are used to connect words, phrases and clauses.

- Co-ordinating conjunctions link words or sentences of similar length:
  y, o, ni, pero, sino

- *y* is used to mean 'and' unless it is followed by a word beginning with *i* or *hi* (*not hie*) when it changes to *e*:
  Paco e Isabel, geografía e historia
  but *granito y hierro*

- *o* is used to mean 'or' unless it is followed by *o* or *ho* when it changes to *u*:
  siete u ocho albergues u hoteles

- *Pero* and *sino* both mean 'but'.
  – Use *sino* when the second part of the sentence contradicts the previous part with a negative.
  No quiero comer nada sino fruta.

  – Use *sino que* when both parts of the sentence have finite verbs:
  No sólo perdió su casa sino que murió su familia en el desastre.

- Subordinating conjunctions introduce a clause that is dependent on the main clause:
  aunque, cuando, mientras, porque, ya que
  Echa esta carta al buzón ya que vas a Correos.

Grammar

6 Pronouns

A pronoun is a word that can be used instead of a noun, idea or even a phrase. It helps to avoid repetition.

6.1 Subject pronouns

yo	I
tú	you singular (informal)
él, ella, usted	he, she, you (formal)
nosotros/as	we
vosotros/as	you plural (informal)
ellos, ellas, ustedes	they (m/f), you plural (formal)

The subject pronouns are not often used in Spanish as the verb ending generally indicates the subject of the verb. You might use them for emphasis or to avoid ambiguity.

¿Cómo te llamas?   *Sí, tú, ¿cómo te llamas?*
¿Quién? – ¿yo?   *Pues, yo me llamo Patricia.*

To refer to a group of people with one or more males in it, use the masculine plural form.
Y ellos, ¿cómo se llaman?
Él se llama Jairo y ella se llama Elisa.

6.2 Tú and usted, vosotros/as and ustedes

There are four ways of saying 'you' in Spanish.

	familiar	formal
singular	tú	usted (often written vd, takes the 'he/she' part of the verb)
plural	vosotros/as	ustedes (vds, takes the 'they' part of the verb)

Tú and vosotros/as are used with people you know and with young people.

Usted and *ustedes* are used with strangers and people you do not know very well or to whom you want to show respect. They are used much more widely in Latin America than in Spain where the *tú* and *vosotros/as* form of address is generally encouraged.

6.3 Reflexive pronouns

Reflexive pronouns are used to make a verb reflexive and refer back to the subject of the verb.

me	myself
nos	ourselves
te	yourself (informal)
os	yourselves (informal)
se	himself/herself/yourself (formal)
se	themselves, yourselves (formal)

They are often not translated into English:
Me levanto a las siete y después me ducho. I get up at seven and then I have a shower.

Remember when you use the perfect tense that the pronoun comes before the auxiliary *haber*.
Esta mañana me he levantado muy tarde. I got up very late this morning.

When you use the immediate future or a present participle it attaches to the end:
Voy a levantarme muy tarde el sábado.
I'm going to get up very late on Saturday.
Estoy levantándome ahora mismo.
I'm getting up this very minute.

They can also translate as 'each other':
Se miraron el uno al otro. – They looked at one another.
But *Se miró en el espejo.* – He looked at himself in the mirror.

6.4 Direct object pronouns

Direct object pronouns are used for the person or thing directly affected by the action of the verb. They replace a noun that is the object of a verb.

me	me
te	you (informal)
le	him/you (formal)
lo	it (m)/him
la	it (f)/her
nos	us
os	you (informal)
les	them/you (formal)
los	them (m)
las	them (f)

Te quiero mucho.
Le veo cada día.

6.5 Indirect object pronouns

An indirect object pronoun replaces a noun (usually a person) that is linked to the verb by a preposition, usually *a* (to).
¿Quién te da el dinero de bolsillo?

- You also use them to refer to parts of the body.
  Me duelen los oídos. My ears ache (I've got earache).

- When there are several pronouns in the same sentence and linked to the same verb they go in this order: reflexive – indirect object – direct object (RID)

6.6 Two pronouns together

When two pronouns beginning with *l* (*le/lo/la/les/los/las*) come together then the indirect object pronoun changes to *se* (*se lo/se la/se los/se las*).
Quiero regalar un libro a mi padre.
Se lo quiero regalar. Quiero regalárselo.

- Sometimes the pronoun *le* is added to give emphasis even though it is not needed grammatically. This is called a redundant pronoun.
  Le di el regalo a mi padre.

6.7 Position of pronouns

Reflexive, direct object and indirect object pronouns usually

- immediately precede the verb:
  No la veo. Sí la quiero. Se llama Lucía. Te doy mil euros.

- attach to the end of the infinitive:
  Voy a verla mañana. Tengo que levantarme temprano. Voy a darte un regalo. ¿Cuándo? Voy a dártelo enseguida.

- attach to the end of the present participle:
  Estoy mirándolo ahora. Está bañándose. Estoy hablándote: ¿No me oyes?
  However, it is now widely accepted to put them before the infinitive or the present participle.

- They are also attached to the end of a positive command.
  Ponlo aquí.
  Levantaos enseguida.
  Dámelo.
  Póngalo aquí.
  Levántense enseguida.
  Démelo.
  For possessive pronouns see section 1.6.

6.8 Disjunctive pronouns

These are used after a preposition (see section 5).

para mí	detrás de nosotros/as
hacia ti	entre vosotros/as
junto a él/ella/usted	cerca de ellos/ellas/ ustedes

- Remember with *con* to use *conmigo, contigo, consigo.*

- A few prepositions are used with a subject pronoun: *entre tú y yo, según ella*

- Sometimes *a mí, a ti* etc. is added to give emphasis or avoid ambiguity:
  Me toca a mí, no te toca a ti.
  Le dije el secreto a ella, no a él.

6.9 Relative pronouns and adjectives

Some of these are determiners as well.

- The relative pronoun *que* – who, which or that – is always used in Spanish and not left out of the sentence as it often is in English:
  Ese es el vestido que me gusta. That is the dress (that) I like.
  Señala a la persona que habla. Point to the person (who is) speaking.

- When a relative pronoun is used after the prepositions *a, de, con* and *en* then you need to use *que* for things and *quien/quienes* for people:
  José es un amigo con quien estudiaba.
  El programa del que hablas se llama El rival más débil.

- After other prepositions use *el cual, la cual, los cuales, las cuales*:
  La casa dentro de la cual se dice que hay un fantasma ya está en ruinas.

Grammar

- Sometimes *donde* is used as a relative pronoun:
  La ciudad donde vivo se llama Bilbao.

- *cuyo/cuya/cuyos/cuyas* are used to mean 'whose' and are best treated as an adjective as they agree with the noun they refer to:
  Mi madre, cuyos perros no me gustan, viene a pasar unos días conmigo.

- Remember, to say 'Whose is this … ? you need to use *¿De quién es este … ?*

6.10 Neuter pronouns

Eso and *ello* refer to something unspecific such as an idea or fact:
No me hables más de eso.
No quiero pensar jamás en ello.

Lo que/lo cual
These relative pronouns refer to a general idea or phrase rather than a specific noun:
Ayer hubo una huelga de Correos, lo cual me causó muchas molestias.

7 Interrogatives and exclamations

7.1 Direct questions and exclamations

Asking questions and making exclamations in Spanish is straightforward: simply add question marks and exclamation marks at the beginning and end of the sentence, like this: ¿ … ? ¡ … ! There is no change to the words themselves or the word order.

- Make your voice rise slightly at the beginning when asking a question:
  Tienes hermanos. = statement
  ¿Tienes hermanos? = question

- Here are some common question words. Note that they all have accents:
¿Qué?	*¿Qué haces?*
¿Por qué?	*¿Por qué hiciste eso?*
¿Cuándo?	*¿Hasta cuándo te quedas?*
	¿Desde cuándo vives en tu casa?
¿Cómo?	
¿Dónde?	
¿Adónde?	
¿De dónde?	

  ¿Quién? ¿Quiénes? ¿Con quién vas?
  ¿Cuál? ¿Cuáles?
  ¿Cuánto?/¿Cuánta?/¿Cuántos?/¿Cuántas?

- Here are some common exclamation words. Note that they all have accents:
  ¡Qué! ¡Cómo! ¡Cuánto/a/os/as!

7.2 Indirect questions and exclamations

- Indirect question words and exclamations also take an accent:
  No me dijo a qué hora iba a llegar.
  No sabes cómo y cuánto lo siento.

- If the adjective follows the noun then *más* or *tan* is added:
  ¡Qué niña más bonita!

8 Negatives

You can make a statement negative in Spanish simply by putting *no* before the verb:
No quiero salir.
No me gusta la historia.

- Some other common negatives are:
  ninguno (ningún)/ninguna = no (adjective)
  nada = nothing
  nadie = nobody
  nunca/jamás = never
  ni … ni … = neither … nor …
  tampoco (negative of *también*) = neither

- If any of these words is used after the verb, you have to use *no* as well. But if the negative word comes before the verb, *no* is not needed:
  No he fumado nunca.
  Nunca he fumado.

- You can use several negatives in a sentence in Spanish:
  Nadie sabía nada acerca de ninguno de ellos.

9 Verbs: the indicative mood

A verb indicates **what** is happening in a sentence and the tense indicates **when**.

9.1 The infinitive

This is the form you will find when you look a verb up in the dictionary, a word list or vocabulary section. It will indicate which endings you should use for each tense and person. You will need to follow and understand the patterns of verbs and the various tenses so that you can check them in the verb tables in section 23.

In Spanish, verbs fall into three groups. These are shown by the last two letters of the infinitive:
-ar: comprar (to buy); *-er: comer* (to eat); *-ir: subir* (to go up)

The endings of Spanish verbs change according to the tense and the person or thing doing the action, and the group a verb belongs to indicates which endings you should use for each tense and person.

● The infinitive itself is often used after another verb.
Common verbs usually followed by an infinitive are:

querer	to want	*Quiero ver la tele esta noche.*
gustar	to please	*Me gusta bailar. Me gustaría ir al cine.*
poder	to be able to	*No puedo salir contigo.*
tener que	to have to	*Tengo que cocinar.*
deber	to have to, must	*Debemas hablar en voz baja.*

● The impersonal expression *hay que* takes an infinitive:
Hay que estudiar mucho para estos exámenes.

● *Soler*, used only in the present and imperfect tenses, indicates what usually happens:
Suelo levantarme temprano. I usually get up early.
¿Qué solías hacer cuando eras joven, abuela? Solía jugar como tú.
What did you use to do when you were little, grandma? I used to play just like you.

● The infinitive is used:
– in impersonal commands and instructions:
No arrojar escombros. Abrir con cuidado.
– as a noun:
Estudiar es duro cuando hace calor.

For verbs which take *a* or *de* + infinitive, see section 18.1. The infinitive also follows prepositions: see section 18.2.
For the past infinitive see section 9.10.

9.2 The present tense

To form the present tense of regular verbs, add the following endings to the stem of the verb.

Regular verbs			Reflexive verbs
comprar	**comer**	**subir**	**levantarse**
compro	como	subo	me levanto
compras	comes	subes	te levantas
compra	come	sube	se levanta
compramos	comemos	subimos	nos levantamos
compráis	coméis	subís	os levantáis
compran	comen	suben	se levantan

● Spelling changes
Some verbs change their spelling to preserve the same sound as in the infinitive:
from *g* to *j* before an *a* or *o*
coger → *cojo, coges, coge* etc.

from *gu* to *g* before an *a* or *o*
seguir → *sigo, sigues, sigue* etc

from *i* to *y* when unaccented and between vowels *construyó* but *construimos*

● Some verbs add an accent:
continuar – continúo, continúas, continúa etc.
enviar – envío, envías, envía etc.

● Radical changes, where the verb stem changes:

o → ue	**contar** – cuento, cuentas, cuenta, contamos, contáis, cuentan **dormir** – duermo, duermes, duerme, dormimos, dormís, duermen
u → ue	**jugar** – juego, juegas, juega, jugamos, jugáis, juegan
e → ie	**empezar** – empiezo, empiezas, empieza, empezamos, empezáis, empiezan
e → i	**pedir** – pido, pides, pide, pedimos, pedís, piden

Grammar

- Irregular verbs
  The most common you will need are:

ser	soy, eres, es, somos, sois, son
estar	estoy, estás, está, estamos, estáis, están
ir	voy, vas, va, vamos, vais, van
tener	tengo, tienes, tiene, tenemos, tenéis, tienen
hacer	hago, haces, hace, hacemos, hacéis, hacen

Some verbs are only irregular in the first person of the present tense then follow the regular pattern:

poner – pongo, pones etc.
salir – salgo, sales etc.
caer – caigo, caes etc.
conducir – conduzco, conduces etc.
See the verb tables in section 23.

Note: *Hay* = there is/there are

- Use the present tense
  – to indicate what is happening:
  ¿Adónde vas? Voy al cine.
  – to express what happens regularly, a repeated action or habit:
  Veo la tele cada noche a las siete.
  – to refer to something that started in the past and continues into the present (note that the perfect tense is used here in English):
  Vivo aquí desde hace años.
  – to refer to historical events (the historical present):
  Aquella noche, el 23 de febrero de 1981, habla el Rey por la radio y la tele …
  – to refer to something timeless or universal:
  El planeta Tierra gira alrededor del sol.
  – to express the future:
  Adiós. Nos vemos mañana.

9.3 The present continuous

This is formed by taking the present tense of *estar* and the present participle (gerund) of the main verb, formed as follows:
ar → *ando*   *er* → *iendo*   *ir* → *iendo*
Exceptions are *leyendo, durmiendo, divirtiendo*:
¿Qué estás leyendo?
¡Callaos! Están durmiendo.

- It indicates what is happening at the time of speaking or that one action is happening at the same time as another. It follows the English pattern closely.

- It is often used with *pasar* to express how you spend time:
  Paso el tiempo divirtiéndome, viendo la tele, haciendo deporte.

- It is often used also after *seguir, ir and llevar*:
  Sigo estudiando a los treinta años.
  Los precios van subiendo cada día más.
  Llevo cinco años estudiando medicina.

9.4 The preterite tense

This is formed by adding the following endings to the stem of the verb:

-ar:	-é -aste -ó -amos -asteis -aron
-er/-ir:	-í -iste -ió -imos -isteis -ieron

Regular verbs

comprar	comer	subir
compré	comí	subí
compraste	comiste	subiste
compró	comió	subió
compramos	comimos	subimos
comprasteis	comisteis	subisteis
compraron	comieron	subieron

- Spelling changes
  Some verbs change their spelling to preserve the same sound as in the infinitive:
  c → *qu* before *e*: *sacar – saqué, sacaste, sacó* etc.
  g → *gu* before *e*: *pagar – pagué, pagaste, pagó* etc.
  z → *c* before *e*: *empezar – empecé, empezaste, empezó* etc.
  i → *y*: *creer – creí, creiste, creyó, creimos, creisteis, creyeron* (also *leer, oír, caer*)
  gu → *gü*: *averiguar – averigüé, averiguaste, averiguó* etc.

- Radical changes
  -ir verbs change in the third person singular and plural:
  o → *u*: *morir – murió, murieron* (also *dormir*)
  e → *i*: *pedir – pidió, pidieron* (also *sentir, mentir, seguir, vestir*)

- Some common irregular verbs. Note that there are no accents.
  It helps to learn irregulars in groups; some follow a pattern of *uve*:

andar	anduve, anduviste, anduvo, anduvimos, anduvisteis, anduvieron
estar	estuve, estuviste, estuvo, estuvimos, estuvisteis, estuvieron
tener	tuve, tuviste, tuvo, tuvimos, tuvisteis, tuvieron

Note *ser* and *ir* have the same form so *fui* can mean 'I went' or 'I was':
fui fuiste fue fuimos fuisteis fueron

Dar and *ver* follow a similar pattern:
dar – di, diste, dio, dimos, disteis, dieron
ver – vi, viste, vio, vimos, visteis, vieron

A larger group are quite irregular:					
hacer	**haber**	**poder**	**poner**	**querer**	**venir**
hice	hube	pude	puse	quise	vine
hiciste	hubiste	pudiste	pusiste	quisiste	viniste
hizo	hubo	pudo	puso	quiso	vino
hicimos	hubimos	pudimos	pusimos	quisimos	vinimos
hicisteis	hubisteis	pudisteis	pusisteis	quisisteis	vinisteis
hicieron	hubieron	pudieron	pusieron	quisieron	vinieron

- Use the preterite
  – to refer to events, actions and states started and completed in the past:
  El año pasado hubo una huelga de los empleados del metro.
  – to refer to events, actions or states which took place over a defined period of time but are now completely finished:
  Mis padres vivieron en Guatemala durante tres años.

9.5 The imperfect tense

This is formed by adding the following endings to the stem:

-ar:	-aba -abas -aba -ábamos -abais -aban
-er/-ir:	-ía -ías -ía -íamos -íais -ían

There are only three irregular verbs (*ir*, *ser* and *ver*).

comprar	**comer**	**subir**	**ir**	**ser**	**ver**
compraba	comía	subía	iba	era	veía
comprabas	comías	subías	ibas	eras	veías
compraba	comía	subía	iba	era	veía
comprábamos	comíamos	subíamos	íbamos	éramos	veíamos
comprabais	comíais	subíais	ibais	erais	veíais
compraban	comían	subían	iban	eran	veían

- Use the imperfect tense:
  – to indicate what used to happen (a regular or repeated action in the past):
  De niño iba a pie al colegio.
  – to say what happened over a long (indefinite) period of time:
  Durante el invierno hacía mucho frío.
  – to say what was happening (a continuous action):
  Mirábamos la puesta del sol.
  – with the preterite tense to denote interrupted action.
  Mirábamos la puesta del sol cuando nos dimos cuenta la hora.
  – to describe what someone or something was like in the past:
  Josefa era una chica muy formal.
  – to describe or set the scene in a narrative in the past:
  La lluvia caía como una cortina gris.
  – in expressions of time (where English would use a pluperfect):
  Acababa de llegar cuando tuvo una gran sorpresa.
  Esperaba su respuesta desde hacía más de un mes.
  – to make a polite request:
  Quería pedirte un gran favor.

9.6 The imperfect continuous

This is formed by taking the imperfect form of *estar* – *estaba, estabas, estaba* etc. – and adding the present participle:
¿Qué estabas haciendo? Estaba bañándome.
¿Qué es lo que estaba pasando? Estaban divirtiéndose bastante.

Just like the present continuous it indicates what was happening at a particular moment – in this case in the past. It is also used to describe one action interrupted by another:
Estaba leyendo el periódico cuando llegó el correo.

Grammar

9.7 The future tense

This is formed by taking the infinitive of regular verbs and adding the following endings:

-é -ás -á -emos -éis -án

comprar	comer	subir
compraré	comeré	subiré
comprarás	comerás	subirás
comprará	comerá	subirá
compraremos	comeremos	subiremos
compraréis	comeréis	subiréis
comprarán	comerán	subirán

Irregular futures have the same endings as the regular ones – it is the stem that changes.

Some common irregular verbs:

decir	→	diré	haber	→	habré
hacer	→	haré	poder	→	podré
poner	→	pondré	querer	→	querré
saber	→	sabré	salir	→	saldré
tener	→	tendré	venir	→	vendré

● Use the future to:
  – indicate what will happen or take place:
  Vendrán a las cinco.
  – express an obligation:
  No pasarán.
  – express a supposition, probability or surprise:
  No tengo la menor idea qué hora será.
  Tendrá unos doce años.

● To express 'will' or 'shall' in the sense of willingness or a request use *querer* in the present tense:
  ¿Quieres decirlo otra vez?
  No quiere venir a esta casa.

9.8 The immediate future

Another way to indicate what is going to happen is to take the verb *ir* + *a* and add the infinitive:
Voy a escribir una carta.
¿A qué hora vas a venir?

9.9 The conditional tense

This is formed by taking the infinitive of regular verbs and adding the following endings:

-ía -ías -ía -íamos -íais -ían

Irregular conditionals have the same endings as the regulars – it is the stem that changes, in the same way as in the future tense (see 9.7).

comprar	comer	subir
compraría	comería	subiría
comprarías	comerías	subirías
compraría	comería	subiría
compraríamos	comeríamos	subiríamos
compraríais	comeríais	subiríais
comprarían	comerían	subirían

● Use the conditional to:
  – indicate what would, could or should happen:
  Sería imposible irnos enseguida.
  Me gustaría visitarla en el hospital.
  – in 'if ' clauses to say what could happen:
  Sería una maravilla si llegaras a tiempo.
  – express supposition or probability in the past:
  Tendría unos cinco años cuando nos mudamos de casa.
  – refer to a future action expressed in the past:
  Dijo que vendría a las ocho en punto.

● Note that if you want to say 'would' meaning willingness or a request, use the verb *querer* in the imperfect tense:
  No quería comer nada.
  If you want to say 'would' meaning a habitual action in the past, use the verb *soler* in the imperfect tense:
  Solía visitarnos cada sábado por la tarde.

9.10 Compound tenses: the perfect tense

Compound tenses have two parts – an auxiliary verb and a past participle. The two parts must never be separated.
The perfect tense is formed by using the present tense of *haber* (the auxiliary verb) plus the past participle of the verb you want to use.

haber	comprar	comer	subir	cortarse
he	comprado	comido	subido	me he cortado
has				te has
ha				se ha
hemos				nos hemos
habéis				os habéis
han				se han

Reflexive verbs in the perfect tense need the reflexive pronoun before the auxiliary verb *haber*:

¿Qué te ha pasado? Me he cortado el dedo.

Some common irregular past participles:

abrir	→	abierto	morir	→	muerto
cubrir	→	cubierto	poner	→	puesto
decir	→	dicho	romper	→	roto
escribir	→	escrito	ver	→	visto
hacer	→	hecho	volver	→	vuelto

Compound verbs have the same irregular past participle as the original verb:
descubrir → *descubierto*

The perfect tense is used in the same way as in English to indicate an action which began and ended in the same period of time as the speaker or writer is describing. It is used in a question which does not refer to any particular time.

● Two important exceptions:
– talking about how long: Spanish uses the present tense where English uses the perfect:
Hace más de una hora que te espero.
– to translate 'to have just': *acabar de – acabo de llegar*

● The perfect infinitive
This is formed by using the infinitive of the verb *haber* plus the appropriate past participle:
De haberlo sabido …
Me gustaría haberlo terminado antes de las cinco.

9.11 Compound tenses: the pluperfect tense

This is formed by using the imperfect of the auxiliary *haber* and the past participle of the verb required:

había, habías, había etc. *comprado, comido, subido, dicho, hecho* etc.

Just as in English it is used to refer to an action which happened before another action took place in the past: *La cena ya se había terminado cuando ellos llegaron.*

● The same two exceptions apply as for the perfect tense:
– *hacer* in time clauses: where English uses the pluperfect 'had', Spanish uses the imperfect *hacía*: *Hacía 20 años que vivía aquí.*
– *acabar de* – 'had just': *Acababa de llegar cuando empezó a llover.*

9.12 Compound tenses: the past anterior

This is formed by using the preterite of the auxiliary *haber* and the past participle of the verb required:

hube, hubiste, hubo, hubimos, hubisteis, hubieron + *cenado/leído/dormido* etc.

It has the same meaning as the pluperfect tense in English.

It is used in a time clause after *cuando, en cuanto, tan pronto como, después de que* etc. to denote that one action happened before the other when the preterite tense is used in the main clause:
Tan pronto como hubo entrado nos sentamos a comer.

9.13 Compound tenses: the future and conditional perfects

These tenses are formed by using the future or conditional of the auxiliary verb *haber* and the past participle of the verb required:

Habré terminado dentro de dos horas.
Habría terminado antes pero no sabía la hora.

They both follow a similar pattern to the English to translate 'will have *or* would have done something'.

9.14 Direct and indirect speech

● Direct speech is used when you quote the exact words spoken:
Dijo: "Quiero verte mañana por la mañana".

● Indirect speech is used when you want to explain or report what somebody said:
Dijo que me quería ver/quería verme mañana por la mañana.

Remember you will need to change all parts of the sentence that relate to the speaker, not just the verb.

Grammar

10 Verbs: the subjunctive mood

So far all the tenses explained have been in the indicative 'mood'. Remember the subjunctive is not a tense but a verbal mood. For its uses see 10.4. It is not used very often in English but is used a lot in Spanish.

10.1 The present subjunctive

This is formed by adding the following endings to the stem of the verb:

-ar: -e -es -e -emos -éis -en
compre, compres, compre, compremos, compréis, compren
-er/-ir: -a -as -a -amos -áis -an
coma, comas, coma, comamos, comáis, coman
suba, subas, suba, subamos, subáis, suban

Remember that some verbs change their spelling to preserve their sound, and that others – radical-changing verbs – change their root in the first, second and third person singular and plural. They follow this same pattern in the present subjunctive:

coger	coja, cojas, coja, cojamos, cojáis, cojan
cruzar	cruce, cruces, cruce, crucemos, crucéis, crucen
pagar	pague, pagues, pague, paguemos, paguéis, paguen
jugar	juegue, juegues, juegue, juguemos, juguéis, jueguen
dormir	duerma, duermas, duerma, durmamos, durmáis, duerman
preferir	prefiera, prefieras, prefiera, preferamos, preferáis, prefieran

Irregular verbs

Many of these are not so irregular if you remember that they are formed by taking the first person singular of the present indicative:

hacer → hago → haga, hagas, haga, hagamos, hagáis, hagan

Tener, caer, decir, oír, poner, salir, traer, venir and *ver* follow this pattern.

A few have an irregular stem:

dar	dé, des, dé, demos, deis, den
estar	esté, estés, esté, estemos, estéis, estén
haber	haya, hayas, haya, hayamos, hayáis, hayan
ir	vaya, vayas, vaya, vayamos, vayáis, vayan
saber	sepa, sepas, sepa, sepamos, sepáis, sepan
ser	sea, seas, sea, seamos, seáis, sean

10.2 The imperfect subjunctive

There are two forms of the imperfect subjunctive. Both forms are used but the *-ra* form is slightly more common and is sometimes used as an alternative to the conditional.

Take the third person plural of the preterite form minus the *-ron* ending and add the following endings:

compra -ron	comie -ron	subie -ron
comprara/se	comiera/se	subiera/se
compraras/ses	comieras/ses	subieras/ses
comprara/se	comiera/se	subiera/se
compráramos/semos	comiéramos/semos	subiéramos/semos
comprarais/seis	comierais/seis	subierais/seis
compraran/sen	comieran/sen	subieran/sen

Spelling change, radical-changing and irregular verbs all follow the rule of the third person plural preterite form:

hacer	→	hicieron	→	hiciera, hicieras
tener	→	tuvieron	→	tuviera, tuvieras
pedir	→	pidieron	→	pidiera, pidieras
dormir	→	durmieron	→	durmiera, durmieras
oír	→	oyeron	→	oyera, oyeras

10.3 The perfect and pluperfect subjunctives

These both use the auxiliary verb *haber* plus the past participle.

- The perfect uses the present subjunctive:
  haya comprado, hayas comprado, haya comprado, hayamos comprado, hayáis comprado, hayan comprado

- The pluperfect uses the imperfect subjunctive:
  hubiera/hubiese comido, hubieras/hubieses comido, hubiera/hubiese comido, hubiéramos/hubiésemos comido, hubierais/hubieseis comido, hubieran/hubiesen comido

10.4 Uses of the subjunctive

The subjunctive is used widely in Spanish, above all in the following cases.

- When there are two different clauses in the sentence and the subject of one verb
  – influences the other (with *conseguir, querer, permitir, mandar, ordenar, prohibir, impedir*):
  Quiero que vengas a verme esta tarde.
  – expresses a preference, like or dislike (with *gustar, odiar, alegrarse*):
  No me gusta que hagan los deberes delante de la tele.
  – expresses feelings of fear or regret (with *temer* or *sentir*):
  Temo que no vayan a poder hacerlo.
  – expresses doubt or possibility (with *dudar, esperar, puede, ser*):
  Dudamos que sea possible. Puede ser que venga mañana.

- With impersonal expressions with adjectives:
  es importante que, es necesario que, es imprescindible que
  Es muy importante que tengas buena presencia en la entrevista.

- After expressions of purpose (with *para que, a fin* or *a fin de que*):
  Hablamos en voz baja para que los niños siguiesen durmiendo.

- After expressions referring to a future action (with *en cuanto, cuando, antes de que* etc.):
  Cuando vengas te lo explicaré.

- After expressions referring to concessions or conditions such as 'provided that':
  Puedes acompañarme con tal de que te portes bien.

- In clauses describing a nonexistent or indefinite noun:
  Buscamos una persona que pueda ayudarnos.

- In main clauses
  – after *ojalá* ('if only')
  – after words indicating 'perhaps' (*tal vez, quizás*)
  – after *como si*
  – after *aunque* meaning 'even if' (but not 'although')
  – in set phrases:
  digan lo que digan, sea como sea, pase lo que pase

- after words ending in *-quiera* ('-ever'):
  cualquiera, dondequiera

Don't forget that when you make a sentence negative this often gives it an element of doubt:
Creo que llegarán a tiempo
but
No creo que lleguen a tiempo

Note the sequence of tenses using the subjunctive:

main verb	subjunctive verb
present future future perfect imperative	present or perfect
any other tense (including conditional)	imperfect or pluperfect

Exceptions:
'If I were to do what you are saying' = imperfect subjunctive: *Si hiciera lo que me dices*
'If I had' + past participle = pluperfect subjunctive – *Si lo hubiera sabido*: 'If (only) I had known'

11 The imperative

The imperative is used for giving commands and instructions. Positive form:

	tú	vosotros/as	usted	ustedes
comprar	compra	comprad	compre	compren
comer	come	comed	coma	coman
subir	sube	subid	suba	suban

Grammar

Irregular verbs in the *tú* form:

decir → *di* *hacer* → *haz* *oír* → *oye*
poner → *pon* *salir* → *sal* *saber* → *sé*
tener → *ten* *venir* → *ven* *ver* → *ve*

NB Reflexive forms in the *vosotros* form drop the final *d*:
levantad + os = levantaos sentad + os = sentaos
and the final *s* in the *nosotros* form:
levantémonos, sentémonos
Exception: *irse = idos*

Negative forms are the same as the present subjunctive.

		tú	vosotros /as	usted	ustedes
comprar	no	compres	compréis	compre	compren
comer	no	comas	comáis	coma	coman
subir	no	subas	subáis	suba	suban

Note how the positive and negative forms for *usted* and *ustedes* are the same.

Remember the use of the infinitive to give impersonal negative commands:
No fumar

Note that pronouns attach to the end of positive commands and immediately precede all negative commands:
Dámelo en seguida.
No, no se lo des ahora; dáselo más tarde.

12 Reflexive verbs

The reflexive pronoun – *me, te, se, nos, os, se* – is attached to the end of the infinitive form, the gerund and a positive imperative but is placed before all other forms.

- True reflexive forms are actions done to oneself:
  Me lavé la cara (reflexive)
  but
  Lavé el coche viejo de mi tío (non-reflexive)

- Some verbs change their meaning slightly in the reflexive form:
  dormir (to sleep) – *dormirse* (to fall asleep)
  llevar (to carry) – *llevarse* (to take with you)

- Some verbs have a reflexive form but do not appear to have a truly reflexive meaning:
  tratarse de, quedarse, quejarse de

- Use the reflexive pronoun to mean 'each other':
  Nos miramos el uno al otro.

- The reflexive form is often used to avoid the passive (see section 13).

13 The passive

The passive is used less in Spanish than in English and mostly in a written form.
The structure is similar to English.
Use the appropriate form of *ser* plus the past participle which **must agree** with the noun. Use *por* if you need to add by whom the action is taken:
La ventana fue rota por los chicos que jugaban en la calle.
La iglesia ha sido convertida en un museo.
There are several ways to avoid using the passive in Spanish:

- Rearrange the sentence into an active format but remember to use a direct object pronoun.

- Use the reflexive pronoun *se*.

- Use the third person plural with an active verb.
  La iglesia, la conviertieron en museo.
  La iglesia se convirtió en museo.
  Convirtieron la iglesia en museo.

14 Ser and estar

Both these verbs mean 'to be' but they are used to indicate different circumstances.

- *Ser* denotes time and a permanent situation or quality, character or origin:
  Son las cinco en punto y hoy es martes 22 de noviembre.
  Es abogado y es muy bueno. Es de Madrid y es joven.

  It is also used in impersonal expressions (*es necesario hablar contigo*) and with the past participle to form the passive (see 13 above).

- *Estar* denotes position and a temporary situation, state of health or mood:
  Tus libros están encima del piano.
  Estás muy guapa hoy.
  Estoy contenta porque mi papá está mejor de la gripe.

  It indicates when a change has taken place:
  ¿Está vivo o está muerto? Está muerto.
  Mi hermano estaba casado pero ya está divorciado.

It is used with the gerund to form the continuous tenses (see sections 9.3 and 9.6).

● Some adjectives can be used with either *ser* or *estar*:
Mi hermana es bonita.
Mi hermana está bonita hoy.
but some adjectives clearly have a different meaning when used with *ser* or *estar*:

listo	(clever/ready):
¡Qué listo eres!	How clever you are!
¿Estás listo?	Are you ready?
aburrido	(boring/bored)
bueno	(good by nature/something good at the time of speaking, e.g. a meal)
cansado	(tiring/tired)
malo	(bad by nature/something bad at the time of speaking, e.g. inedible)
nuevo	(new/in a new condition)
vivo	(lively/alive)
triste	(unfortunate/feeling sad)

Note also the difference:
La ventana fue rota por los niños que jugaban en la calle. (action)
La ventana estaba rota. (description)

15 Some verbs frequently used in the third person

gustar, encantar, interesar, molestar, preocupar, hacer falta
The subject is often a singular or plural idea or thing:
Me gustan las manzanas. Sí, me interesa mucho esa idea.
Te encanta la música, ¿verdad? Nos hacen falta unas vacaciones.
Other verbs include those used with the weather:
Llueve a menudo en abril, nieva en lo alto de las montañas, hace sol casi todos los días.

16 Impersonal verbs

Se is often used to indicate the idea of 'one' or 'you/we' in a general way (often in notices) and to avoid the passive in Spanish:
Aquí se habla inglés. English is spoken here.
Se prohíbe tirar basura. Do not throw litter.
Se ruega guardar silencio. Please keep quiet.
No se puede entrar. No entry.

Another useful impersonal expression is *hay que*:
Hay que salir por aquí. You have to go out this way.

17 Expressions of time

Hace and *desde hace* are used to talk about an action that started in the past and continues into the present. They are used with the present tense to indicate that the action is still going on:
¿Desde cuándo vives aquí?
¿Desde hace cuánto tiempo estudias español? Estudio español desde hace un año.

They are also used with the imperfect tense for actions that happened in the past:
¿Cuántos años hacía que vivías allí? Hacía tres años que vivía allí.

18 Miscellaneous

18.1 Some useful expressions which take an infinitive

Soler is used only in the present and imperfect to indicate the idea of 'usually':
Suelo levantarme temprano.
Acabar de is used to indicate 'to have just':
Acabo de entrar.
Ponerse a is used to indicate to set about doing something:
Me pongo a estudiar.
Volverse a is used to indicate doing something again:
Vuelve a salir.
Tener que is used to indicate having to do something:
Tengo que cocinar.
Deber is used to indicate to have to or 'must':
Debemos hablar en voz baja.

18.2 Some prepositions plus an infinitive: English '-ing'

antes de: antes de comenzar – before beginning …
después de: después de terminar – after finishing …
al + infinitive: al entrar – upon entering …
en vez de: en vez de llorar – instead of crying …

Grammar

18.3 Useful expressions with *tener, dar* and *hacer*

tener	dar (se)	hacer
cuidado	de comer a	buen/mal tiempo
en cuenta	las doce	una semana
éxito	las gracias	caso de
frío	la vuelta	daño
ganas de	los buenos días	señas
miedo	pena	cola
prisa	cuenta de	las maletas
razón	prisa	lo posible
sed	un paseo	el papel de
sueño	la gana	algo a alguien
suerte		

19 Numbers

19.1 Cardinal numbers

The number one and other numbers ending in *-uno* or *-cientos* agree with the noun they describe. No other numbers agree:
Doscientos cincuenta gramos de mantequilla, por favor.

Uno changes to *un* before a masculine noun:
un litro de leche   *veintiún niños*

Ciento changes to *cien* before masculine and feminine nouns and before *mil* and *millones*:
Cien gramos de tocino, por favor.
cien niñas   *cien mil*   *cien millones*
but
Ciento cincuenta gramos de salchichón.
Doscientos gramos de queso, por favor.

19.2 Ordinal numbers

primero, segundo, tercero, cuarto, quinto, sexto, séptimo, octavo, noveno, décimo

From 11 (eleventh) onwards, cardinal numbers are usually used:
Carlos quinto but *Alfonso doce*

The ordinal numbers agree with the noun they describe:
primero primera primeros primeras
último última últimos últimas
Primero changes to *primer* and *tercero* changes to *tercer* before a masculine noun:
el primer piso del edificio but *el primero de enero es Año Nuevo.*
Es el tercer viaje y la tercera vez que perdemos el tren este año.

20 Useful expressions

20.1 Days of the week

lunes martes miércoles jueves viernes sábado domingo

These are written with a small letter except at the beginning of a sentence. Remember that if you want to say 'on Mondays', you use *los lunes*.
Some useful expressions:
el lunes pasado   la semana pasada
ayer   anteayer   mañana   pasado mañana
el año que viene   el mes entrante
en Semana Santa/Navidades
por la madrugada/mañana/tarde/noche
al amanecer/al atardecer
durante las vacaciones/después de las clases/el otro día

20.2 Months of the year

enero febrero marzo abril mayo junio julio agosto
se(p)tiembre octubre noviembre diciembre

These are not usually written with a capital letter.

20.3 The time

The clock time uses the word *hora* except in the general expression *¡Cómo vuela el tiempo!*
¿Qué hora es?
Es la una but *Son las dos/tres/cuatro etc.*
Es mediodía/medianoche
Es la una y cinco/y diez
Son las tres y cuarto/y media
Son las cinco menos veinte/menos cuarto
a eso de las tres (at about three o clock)
sobre las cinco (around five)

21 Suffixes

These are endings which are added to nouns and sometimes adjectives and adverbs to give a particular emphasis or nuance to their meaning.

● The diminutives – *-ito/a*, *-cito/a*, *-illo/a* – add a feeling of affection and mean 'little':
¡Qué hombrecito tan lindo! Es un chiquillo pequeñito pero adorable.
Háblame más despacito, por favor.

● Augmentatives – *-azo/a*, *-ón/ona*, *-ote/ota* – emphasise the size of something:
¡Qué golpazo dio a la puerta!
Es un muchachón grandote.
Qué mujerona tan anchota.

● Pejoratives – *-uco/a*, *-ucho/a*, *-uzo/a* – need to be used with care as they can cause offence!
¡Esa gentuza feuca vive en unas casuchas destartaladas allí en el barrio bajo!

22 Stress and accents

Written accents are used for two important reasons:

1 To mark the spoken stress on a word which breaks the rules of stress.

● Words which end in a vowel, an *-s* or an *-n* have the stress on the second to last syllable.

All words which end in a consonant (other than *-s* or *-n*) have the stress on the last syllable.

Words which do not follow this rule have the stress marked by a written accent.

● Words which have two vowels together stress the 'strong' vowel (*a, e, o*) or if both are weak vowels (*i, u*) the stress falls on the second vowel:
paella, delicioso, tierra

Again if the word does not follow this rule the stress is marked by a written accent:
país, oír, continúo (from *continuar*), *reúno* (from *reunir*)

2 To point up the difference between two words.

el the	*él* he
tu your	*tú* you
mi my	*mí* (to) me
si if	*sí* yes
se self	*sé* I know/be (imperative)
de of	*dé* give (imperative)
te (to) you	*té* tea
aun even	*aún* still
solo alone	*sólo* only
mas but	*más* more
hacia towards	*hacía* he/she/it used to do

Take care with verbs:
hablo I speak   *habló* he spoke

But these forms are the same:

río I laugh	*un río* a river
sed thirst	*sed* be (imperative)
ve he sees	*ve* go (imperative)
me siento I sit down	*lo siento* I'm sorry

Remember that all interrogative, exclamative and demonstrative pronouns take an accent.

Grammar

Regular verbs

Infinitive Present participle Past participle	Present indicative	Imperfect	Future	Conditional	Preterite	Present subjunctive	Imperfect subjunctive	Imperative
-ar comprar *to buy* comprando comprado	compro compras compra compramos compráis compran	compraba comprabas compraba comprábamos comprabais compraban	compraré comprarás comprará compraremos compraréis comprarán	compraría comprarías compraría compraríamos compraríais comprarían	compré compraste compró compramos comprasteis compraron	compre compres compre compremos compréis compren	comprara/comprase compraras/comprases comprara/comprase compráramos/comprásemos comprarais/compraseis compraran/comprasen	- compra compre compremos comprad compren
-er comer *to eat* comiendo comido	como comes come comemos coméis comen	comía comías comía comíamos comíais comían	comeré comerás comerá comeremos comeréis comerán	comería comerías comería comeríamos comeríais comerían	comí comiste comió comimos comisteis comieron	coma comas coma comamos comáis coman	comiera/comiese comieras/comieses comiera/comiese comiéramos/comiésemos comierais/comieseis comieran/comiesen	- come coma comamos comed coman
-ir subir *to go up* subiendo subido	subo subes sube subimos subís suben	subía subías subía subíamos subíais subían	subiré subirás subirá subiremos subiréis subirán	subiría subirías subiría subiríamos subirías subirían	subí subiste subió subimos subisteis subieron	suba subas suba subamos subáis suban	subiera/subiese subieras/subieses subiera/subiese subiéramos/subiésemos subierais/subieseis subieran/subiesen	- sube suba subamos subid suban

Reflexive verbs

Infinitive Present participle Past participle	Present	Imperative	Perfect
levantarse *to get up* levantando levantado	me levanto te levantas se levanta nos levantamos os levantáis se levantan	levántate levántese levantémonos levantaos levántense	me he levantado te has levantado se ha levantado nos hemos levantado os habéis levantado se han levantado

Radical-changing verbs

Group 1: -ar and -er verbs
• When the stress falls on the stem

-ar and -er verbs are changed in the present indicative and subjunctive forms, except in the first and second persons plural and the *tú* imperative form.

e → ie (atravesar, cerrar, comenzar, despertar(se), empezar, entender, gobernar, negar, nevar, pensar, perder, sentarse)

present indicative	present subjunctive	Imperative
pienso piensas piensa pensamos pensáis piensan	piense pienses piense pensemos penséis piensen	piensa

Preterite	Present subjunctive	Imperfect subjunctive	Imperative
compré	compre	comprara/comprase	-
compraste	compres	compraras/comprases	compra
compró	compre	comprara/comprase	compre
compramos	compremos	compráramos/comprásemos	compremos
comprasteis	compréis	comprarais/compraseis	comprad
compraron	compren	compraran/comprasen	compren
comí	coma	comiera/comiese	-
comiste	comas	comieras/comieses	come
comió	coma	comiera/comiese	coma
comimos	comamos	comiéramos/comiésemos	comamos
comisteis	comáis	comierais/comieseis	comed
comieron	coman	comieran/comiesen	coman
subí	suba	subiera/subiese	-
subiste	subas	subieras/subieses	sube
subió	suba	subiera/subiese	suba
subimos	subamos	subiéramos/subiésemos	subamos
subisteis	subáis	subierais/subieseis	subid
subieron	suban	subieran/subiesen	suban

o → ue (acordarse, acostarse, almorzar, aprobar, contar, costar, encontrar, llover, mostrar, mover, probar, recordar, soler, sonar, volar, volver)

present indicative	present subjunctive	imperative
vuelvo	vuelva	
vuelves	vuelvas	vuelve
vuelve	vuelva	
volvemos	volvamos	
volvéis	volváis	
vuelven	vuelvan	

u → ue: jugar is the only verb

present indicative	present subjunctive	Imperative
juego	juegue	
juegas	juegues	juegue
juega	juegue	
jugamos	juguemos	
jugáis	juguéis	
juegan	jueguen	

Group 2: -ir verbs
• When the stress falls on the stem

e → ie (advertir, consentir, divertirse, hervir, mentir, preferir, referir, sentir)

present indicative	present subjunctive	preterite	imperative
siento	sienta	sentí	
sientes	sientas	sentiste	siente
siente	sienta	sintió	
sentimos	sentamos	sentimos	
sentís	sentáis	sentisteis	
sienten	sientan	sintieron	

o → ue (dormir, morir)   Also e → i and o →u before ie, ió or a stressed a

Grammar

present indicative	present subjunctive	preterite	imperative	present participle	imperfect subjunctive
duermo	duerma	dormí		prefiriendo	prefiriera/prefiriese
duermes	duermas	dormiste	duerme	durmiendo	durmiera/durmiese
duerme	duerma	durmió			
dormimos	durmamos	dormimos			
dormís	durmáis	dormisteis			
duermen	duerman	durmieron			

Group 3: -ir verbs

• When the stress falls on the stem and before ie, ió or a stressed a

e → i (conseguir, corregir, despedirse, elegir, impedir, pedir, perseguir, reñir, repetir, seguir, vestir(se))

present indicative	present subjunctive	preterite	imperfect subjunctive	imperative
pido	pida	pedí	pidiera/pidiese	
pides	pidas	pediste		pide
pide	pida	pidió		
pedimos	pidamos	pedimos		
pedís	pidáis	pedisteis		
piden	pidan	pidieron		

Spelling changes (orthographic changes)

• Before the vowel e, verbs ending in

	present subjunctive	preterite
car → qu = sacar (buscar, tocar, acercar, aparcar, aplicar, arrancar, colocar, criticar, destacar, equivocar, secar)	saque, saques, saque etc.	saqué, sacaste, sacó etc.
gar → gu = llegar (pagar, castigar, colgar, despegar, encargar, fregar, obligar, pegar, rogar, tragar)	llegue, llegues, llegue etc.	llegué, llegaste, llegó etc.
zar → c = empezar	empiece, empieces, empiece etc.	empecé, empezaste, empezó etc.
(analizar, aplazar, avanzar, cazar, comenzar, cruzar, gozar, nacionalizar, profundizar)		
guar → güe = averiguar (apaciguar)	averigüe, averigües, averigüe etc.	averigüé, averiguaste, averiguó etc.

• Before the vowel o, verbs ending in

	present indicative	present subjunctive
cer → z = vencer (convencer, torcer, ejercer)	venzo, vences, vence etc.	venza, venzas, venza etc.
ger/gir → j = coger (proteger, recoger, emerger, escoger, dirigir, elegir, exigir)	cojo, coges, coge	coja, cojas, coja etc.
gu → g = seguir (distinguir, conseguir, extinguir, perseguir)	sigo, sigues, sigue	siga, sigas, siga etc.

• Verbs ending in -ecer, -ocer, -ucir have the form -zc in the first person singular:
parecer → parezco; crecer → crezco
conocer → conozco
traducir → traduzco; conducir → conduzco

• Verbs ending in -ucir also change in their preterite form:
conducir → conduje, condujiste, condujo, condijimos, condujiste, condujeron

• Verbs ending in -uir change the i to y when unaccented or between two vowels as follows:

present indicative	present subjunctive	imperfect subjunctive	imperative
concluir			
concluyo	concluya	concluyera/concluyese	
concluyes	concluyas		concluye
concluye	concluya		
concluimos	concluyamos		
concluís	concluyáis		
concluyen	concluyan		

(Other examples: construir, destruir, disminuir, excluir, huir, instruir)

- Some verbs ending in -uar (e.g. continuar) and -iar (e.g. enviar), and reunir and prohibir, add an accent as follows

present indicative		present subjunctive	
continúo	envío reúno prohíbo	continúe	envíe reúna prohíba
continúas	envías	continúes	envíes
continúa	envía	continúe	envíe
continuamos	enviamos	continuemos	enviemos
continuáis	enviáis	continuéis	enviéis
continúan	envían	continúen	envíen

Imperative tú form: continúa, envía, reúne, prohíbe

(Other examples: actuar, efectuar, situar, esquiar, espiar, enfriar, guiar, vaciar)

Common verbs **not** in this category are: anunciar, estudiar, apreciar, cambiar, limpiar, negociar, divorciar, odiar, envidiar, pronunciar

Irregular verbs

Infinitive Present participle Past participle	Present indicative	Imperfect	Future	Conditional	Preterite	Present subjunctive	Imperfect subjunctive	Imperative tú vosotros
andar to walk andando andado	ando	andaba	andaré	andaría	**anduve** **anduviste** **anduvo** **anduvimos** **anduvisteis** **anduvieron**	ande	**anduviera/anduviese**	anda andad
caber to fit cabiendo cabido	**quepo** cabes cabe cabemos cabéis caben	cabía	**cabré**	**cabría**	**cupe** **cupiste** **cupo** **cupimos** **cupisteis** **cupieron**	**quepa** **quepas** **quepa** **quepamos** **quepáis** **quepan**	**cupiera/cupiese**	cabe cabed
caer to fall **cayendo** caído	**caigo** caes cae caemos caéis caen	caía	**caeré**	**caería**	**caí** **caíste** **cayó** **caímos** **caísteis** **cayeron**	**caiga** **caigas** **caiga** **caigamos** **caigáis** **caigan**	**cayera/cayese**	cae caed
dar to give dando dado	**doy** das da damos dais dan	daba	**daré**	**daría**	**di** **diste** **dio** **dimos** **disteis** **dieron**	**dé** **des** **dé** **demos** **deis** **den**	**diera/diese**	da dad

Grammar

Irregular verbs (continued)

Infinitive Present participle Past participle	Present indicative	Imperfect	Future	Conditional	Preterite	Present subjunctive	Imperfect subjunctive	Imperative tú vosotros
decir *to say* diciendo dicho	**digo** dices dice decimos decís dicen	decía	**diré**	**diría**	dije dijiste dijo dijimos dijisteis dijeron	**diga** digas diga digamos digáis digan	**dijera/dijese**	di decid
estar *to be* estando estado	**estoy** estás está estamos estáis están	estaba	**estaré**	**estaría**	**estuve** estuviste estuvo estuvimos estuvisteis estuvieron	**esté** estés esté estemos estéis estén	**estuviera/estuviese**	está estad
haber *to have* (auxiliary) habiendo habido	**he** **has** **ha** **hemos** **habéis** **han**	había	**habré**	**habría**	**hube** hubiste hubo hubimos hubisteis hubieron	**haya** hayas haya hayamos hayáis hayan	**hubiera/hubiese**	he habed
hacer *to do, make* haciendo **hecho**	**hago** haces hace hacemos hacéis hacen	hacía	**haré**	**haría**	hice hiciste hizo hicimos hicisteis hicieron	**haga** hagas haga hagamos hagáis hagan	**hiciera/hiciese**	haz haced
ir *to go* **yendo** ido	**voy** **vas** **va** **vamos** **vais** **van**	**iba** **ibas** **iba** **íbamos** **ibais** **iban**	iré	iría	**fui** **fuiste** **fue** **fuimos** **fuisteis** **fueron**	**vaya** **vayas** **vaya** **vayamos** **vayáis** **vayan**	**fuera/fuese**	ve id
oír *to hear* **oyendo** oído	**oigo** **oyes** **oye** oímos oís **oyen**	oía	oiré	oiría	oí oiste **oyó** oímos oísteis oyeron	**oiga** **oigas** **oiga** oigamos oigáis **oigan**	**oyera/oyese**	oye oíd
poder *to be able* **pudiendo** podido	**puedo** **puedes** **puede** podemos podéis **pueden**	podía	**podré**	**podría**	pude pudiste pudo pudimos pudisteis pudieron	**pueda** puedas pueda podamos podáis puedan	**pudiera/pudiese**	**puede** poded
poner *to put* poniendo **puesto**	**pongo** pones pone ponemos ponéis ponen	ponía	**pondré**	**pondría**	puse pusiste puso pusimos pusisteis pusieron	**ponga** pongas ponga pongamos pongáis pongan	**pusiera/pusiese**	**pon** poned
querer *to want* queriendo querido	**quiero** **quieres** **quiere** queremos queréis **quieren**	quería	**querré**	**querría**	quise quisiste quiso quisimos quisisteis quisieron	**quiera** quieras quiera queramos queráis quieran	**quisiera/quisiese**	**quiere** quered

Irregular verbs (continued)

Infinitive Present participle Past participle	Present indicative	Imperfect	Future	Conditional	Preterite	Present subjunctive	Imperfect subjunctive	Imperative tú vosotros
reír to laugh **riendo** reído	**río** **ríes** **ríe** reímos reís **ríen**	reía	reiré	reiría	reí reíste **río** reímos reísteis rieron	**ría** **rías** **ría** **riamos** **riáis** **rían**	**riera/riese**	**ríe** reíd
saber to know sabiendo sabido	**sé** sabes sabe sabemos sabéis saben	sabía	**sabré**	**sabría**	**supe** **supiste** **supo** **supimos** **supisteis** **supieron**	**sepa** **sepas** **sepa** **sepamos** **sepáis** **sepan**	**supiera/supiese**	sabe sabed
salir to go out saliendo salido	**salgo** sales sale salimos salís salen	salía	**saldré**	**saldría**	salí saliste salió salimos salisteis salieron	**salga** **salgas** **salga** **salgamos** **salgáis** **salgan**	**saliera/saliese**	**sal** salid
ser to be siendo sido	**soy** **eres** **es** **somos** **sois** **son**	**era** **eras** **era** **éramos** **erais** **eran**	seré	sería	**fui** **fuiste** **fue** **fuimos** **fuisteis** **fueron**	**sea** **seas** **sea** **seamos** **seáis** **sean**	**fuera/fuese**	**sé** sed
tener to have teniendo tenido	**tengo** **tienes** **tiene** tenemos tenéis **tienen**	tenía	**tendré**	**tendría**	**tuve** **tuviste** **tuvo** **tuvimos** **tuvisteis** **tuvieron**	**tenga** **tengas** **tenga** **tengamos** **tengáis** **tengan**	**tuviera/tuviese**	**ten** tened
traer to bring **trayendo** traído	**traigo** traes trae traemos traéis traen	traía	traeré	traería	**traje** **trajiste** **trajo** **trajimos** **trajisteis** **trajeron**	**traiga** **traigas** **traiga** **traigamos** **traigáis** **traigan**	**trajera/trajese**	trae traed
valer to be worth valiendo valido	**valgo** vales vale valemos valeis valen	valía	valdré	valdría	valí valiste valió valimos valisteis valieron	**valga** **valgas** **valga** **valgamos** **valgáis** **valgan**	valiera/valiese	vale/**val** valed
venir to come **viniendo** venido	**vengo** **vienes** **viene** venimos venís **vienen**	venía	**vendré**	**vendría**	**vine** **viniste** **vino** **vinimos** **vinisteis** **vinieron**	**venga** **vengas** **venga** **vengamos** **vengáis** **vengan**	**viniera/viniese**	**ven** venid
ver to see viendo **visto**	**veo** ves ve vemos veis ven	**veía**	veré	vería	vi viste vio vimos visteis vieron	**vea** **veas** **vea** **veamos** **veáis** **vean**	viera/viese	ve ved

Vocabulario

A

a comienzos de at the beginning of
a menudo often
a partir de from
a pesar de in spite of
a veces sometimes
abajo below
abogado *m* lawyer
absurdo/a absurd, ridiculous
abundancia *f* abundance
aburrir to bore
abusar to abuse
aceite *m* oil
acoso *m* hounding, harassment
acostarse to go to bed
actitud *f* attitude
actualidad *f* present (time)
acuerdo *m* agreement
adelante forward
además as well, too
adicto *m* addict
adinerado/a wealthy
ADN *m* DNA
adulación *f* flattery
aerogenerador *m* wind-driven generator
afición *f* the fans, hobby
africano/a African
afuera outside
agobiado/a overwhelmed, snowed under
agricultor(a) *m,f* farmer
agricultura *f* agriculture
agroindustria *f* agribusiness
aguantar to put up with
águila *f* eagle
ahora now, nowadays
ahorrar to save
al menos at least
alarmante alarming
alcalde/alcaldesa *m,f* mayor
alcance *m* reach
alcanzar to reach
alemán/alemana German

Alemania Germany
alerta *f* alert
alfabetización *f* teaching of basic literacy
alfombra *f* carpet
argelino/a Algerian
algodón *m* cotton
alimento *m* food
aliviar to relieve
alivio *m* relief
almorzar to have lunch
alrededor de around
altavoz *m* loudspeaker
alternativa *f* alternative
alto/a high
aluminio *m* aluminium
ama (de casa) *f* housewife
amargura *f* bitterness
amarillo/a yellow
ambiente *m* environment
ambulante travelling
amedrentar to frighten, to scare, to intimidate, to alarm
amenaza *f* threat
amenazar to threaten
amontonar to pile up
amor *m* love
amortizar to recoup the cost
anarquista anarchist
Andalucía Andalusia
andaluz(a) Andalusian
andino/a Andean
anglosajón/anglosajona Anglo-Saxon
angustia *f* anguish, distress
anhelar to yearn for, to long for
año *m* year
antaño in the old days
anticipar to anticipate
anuncio *m* advert
aparato *m* device
aparcamiento *m* parking
apasionar to excite, to thrill
apatía *f* apathy

apenas hardly
apertura *f* opening
apetito *m* appetite
aplaudir to clap
apoderarse (de) to seize, to take control of
apodo *m* nickname
apoyar to support
apoyo *m* support
aprender to learn
aprovechar to take advantage of
apto/a suitable
árabe *m,f* Arab
Aragón *m* Aragon
árbol *m* tree
arder to burn
arena *f* sand
argumento *m* argument, plot
arma *f* gun
arma (de fuego) *f* firearm
arquitectura *f* architecture
arrasar to be very successful, to win by a landslide (elections)
arroz *m* rice
artilugio *m* device
asalariado/a *m,f* wage or salary earner
asaltar to rob, to mug, to attack, to assault
asegurar to ensure
asesino/a *m,f* murderer
asiento *m* seat
asilo *m* asylum
asolar to devastate
aspiración *f* aspiration
aspirar (a) to hope (to)
asunto *m* matter
atardecer *m* dusk
atascado/a stuck
atavismo *m* atavism
atrás back, behind
atrocidad *f* atrocity
atroz atrocious
audaz brave, courageous
auge *m* peak
aumento *m* increase
aún still, yet
aunque although

autonomía *f* autonomy, self-government
autopista *f* motorway
autor(a) *m,f* author
autoridad *f* authority
avance *m* advance
ave *f* bird
AVE (Alta Velocidad Española) high speed train
aventura *f* adventure
aventurero/a *m,f* adventurer
averiar to stop working
averigüar to find out
avión *m* plane
ayer yesterday
aymara *m* Aymara
ayuntamiento *m* town hall, city hall
azul blue

B

bachata *f* rave-up
bacteria *f* bacterium
baile *m* dancing
banco *m* bank, bench
bando *m* side
barato/a cheap
barco *m* ship
barrio *m* quarter in town, area
barro *m* mud
bastante enough
bastón *m* stick, walking stick
basura *f* rubbish
batalla *f* battle
batidora *f* whisk, mixer
beatificar to beatify
bello/a beautiful
benefactor(a) *m,f* benefactor
beneficio *m* benefit
bienes *m pl* goods
bienestar *m* welfare
bilingüe bilingual
biocombustible *m* biofuel
biomecánica *f* biomechanics

bisnieto/a *m,f* great-grandson, great-granddaughter
bolígrafo *m* pen
bolsillo *m* pocket
bomba *f* pump, bomb
bonanza *f* prosperity
borrón *m* inkblot, smudge
bosque *m* wood
botella *f* bottle
bracero/a *m,f* temporary farm worker
Brasil Brazil
brazo *m* arm
brecha *f* breach
breve short
brindar to offer, to provide, to drink a toast
broma *f* joke
brutalidad *f* brutality
bueno/a good
burguesía *f* bourgeoisie, middle class
burla *f* mockery
buscar to look for
búsqueda *f* search

C

calefacción *f* heating
caballo *m* horse
cabra *f* goat
cadera *f* hip
calentamiento *m* warming
calidad *f* quality
calle *f* street
calor *m* heat
cámara *f* chamber
cambio *m* change
camino *m* path
camión *m* lorry
campaña *f* campaign
campesino/a *m,f* peasant
cantábrico/a Cantabrian
cantante *m,f* singer
cantaor(a) *m,f* flamenco singer
cantautor(a) *m,f* singer-songwriter
cantera *f* quarry
cantidad *f* quantity

capataz(a) *m,f* foreman, forewoman
capaz able, capable
capital *m* capital
capital *f* capital city
caprichoso/a capricious
capturar to capture
carburante *m* fuel
cárcel *f* jail
cardíaco/a cardiac, heart
carga *f* load
cariño *m* affection, love
carpintero/a *m,f* carpenter
carrera *f* race
carrera (profesional) *f* career
carretera *f* road
carril *m* lane
carrito (de supermercado) *m* trolley
carrocería *f* bodywork
cartón *m* cardboard
casado/a married
casco *m* helmet
castellano *m* Spanish, Castilian (language)
castellano/a Castilian
castigo *m* punishment
catalán Catalan (language)
catalán/catalana Catalonian
Cataluña Catalunya
católico/a Catholic
CC.AA. *f pl* autonomous regions
CE *f* EC
celda *f* cell
celebración *f* celebration
célula *f* cell
cementera *f* cement factory
central nuclear *f* nuclear power station
cerca near
cerciorarse (de) to make certain (of)
certeza *f* certainty
cesar to stop
chabola *f* shanty dwelling
champán *m* champagne
chaqueta *f* jacket

chasis *m* chassis
chaval *m* kid, youngster
chicano/a Chicano, Mexican-American
chicle *m* chewing gum
chico/a *m,f* boy, girl
chileno/a Chilean
chino/a Chinese
chipriota Cypriot
chocante shocking
choque *m* crash
chulo/a cool
Chupa Chups *m* lollipop
ciervo *m* deer
cine *m* cinema
cinta *f* ribbon
circunvalación *f* circular route, ring road
cirugía *f* surgery
cirujano/a *m,f* surgeon
ciudad *f* town, city
ciudadano/a *m,f* citizen
civiles *m pl* civilians
civilización *f* civilization
clave key
cliente *m,f* customer
clonar to clone
cloro *m* chlorine
coche *m* car
cochecito (de bebé) *m* pushchair
cocina *f* kitchen
coco *m* coconut, head
codo *m* elbow
cofre *m* chest, trunk
coger to take
cojear to limp, to fall short
colegio *m* school
colombiano/a Colombian
colonia *f* colony
comal *m* ceramic dish or metal hotplate for cooking tortillas
combatir to fight
combustible *m* fuel
comedor *m* dining room
comer to eat
comercio *m* trade
comestible edible
comicios *m pl* elections

comida *f* food
compañía *f* company
compatriota *m* fellow countryman, compatriot
competencia *f* competition, rivalry
comportamiento *m* behaviour
compra *f* purchase
comprometerse (a) to promise (to)
comunidades autónomas *f pl* autonomous regions
concordancia *f* agreement
concurso *m* competition
condenado/a *m,f* convicted person
condenar to sentence, to condemn
conducción *f* driving
conducir to drive
confianza *f* trust
conflicto *m* conflict
conllevar to lead to
conocer to know
conquistar to conquer
conseguir to achieve
construir to build
consultorio (médico) *m* surgery
consumidor *m* consumer
consumo *m* consumption
contaminante *m* pollutant
contaminar *m* to contaminate
contar to tell
contenedor *m* container
contentarse to be satisfied
contiguo/a adjoining
contrato *m* contract, agreement
contribuir to contribute
convencer to convince
convencional conventional
convivencia *f* coexistence
copita *f* a drink
corazón *m* heart
cordillera *f* mountain range
cordón *m* lace
corona *f* crown
coronar to crown

Vocabulario

corporación *f*
corporation
correaje *m*   belts
correr   to run
corrida *f*   bullfight
corrupción *f*   corruption
Cortes (las) *f pl*   Spanish
Parliament
corto/a   short
cortometraje *m*   short
film
cosa *f*   thing
coser   to sow
costa *f*   coast
costo *m*   cost
costumbre *f*   habit
crear   to create
crecer   to grow
creencia *f*   belief
crimen *m*   crime
crisol *m*   crucible
cristiano/a *m,f*   Christian
crudo *m*   crude oil
crueldad *f*   cruelty
cruento/a   bloody
cuadrado/a   square
cuarto/a   fourth
cubierta *f*   cover
cubo (de basura) *m*
rubbish bin
cuenta *f*   bill, calculation,
sum
cuento *m*   short story,
tale
cuerpo *m*   body
cuidarse   to look after
oneself
culinario/a culinary
culpa *f*   fault
culpable *m,f*   culprit
culpable   guilty
cultivo *m*   farming,
cultivation
cuota *f*   deposit, fees,
down payment
curar   to heal
curva *f*   bend
cutáneo/a   skin

D

danza *f*   dance
deberes *m pl*   homework
decena (de) *f*   ten
decenio *m*   decade
decepcionante
disappointing
décimo *m*   tenth
decir   to say
defensa *f*   defence
deforestación *f*
deforestation
degradación *f*   degradation,
decomposition
delincuencia *f*   crime
delito *m*   crime, offence
demanda *f*   demand, request,
lawsuit
demasiado/a   too much
democracia *f*   democracy
demostrar   to show
denuncia *f*   report, formal
complaint
deportivo *m*   sports car
depositar   to place, to put, to
deposit
derechos (de autor) *m pl*
royalties
derramar   to spill, to pour
out
derroche *m*   waste
derrota *f*   defeat
desacato *m*   lack of respect,
disrespect, contempt of
court
desaceleración *f*
deceleration
desafío *m*   challenge
desarrollo *m*   development
desayunar   to have
breakfast
descendiente *m,f*
descendant
descifrar   to decode, to
decipher
desconcertante
disconcerting
desconfiado/a   suspicious
descubrimiento *m*   discovery
descuento *m*   discount

desear   to wish
desechar   to throw away
desecho *m*   waste
desenfadado
uninhibited,
carefree, free-and-easy
desenmarañar   to sort
out, disentangle
deseo *m*   wish
desertar   to desert
desfile *m*   parade
desigualdad *f*   inequality
desilusionado/a
disappointed
desistir   to give up
desmonte (de terreno)
m   levelled area
(of ground)
desorden *m*   untidiness
despacho *m*   office, study
desperdiciar   to waste
despertador *m*
alarm clock
despertarse   to wake up
despilfarro *m*   waste
desplazamiento *m*
movement, trip
despliegue *m*
deployment, display
despropósito *m*
nonsense
después   after
destino *m*   destination
destreza *f*   skill
destrucción *f*
destruction
destruir   to destroy
desvanecerse   to vanish,
to disappear, to clear
desventaja *f*
disadvantage
detalle *m*   detail
detener   to stop, to
arrest
detenido/a *m,f*   person
under arrest
deterioro *m*   wear,
damage
detrimento *m*   detriment
deuda *f*   debt
diablo *m*   devil

diagnosticar   to
diagnose
dialogar   to talk, to have a
conversation
dicho *m*   saying
dictadura *f*   dictatorship
dictaminar   to pass
judgement
dilema *m*   dilemma
dimitir   to resign
Dinamarca   Denmark
dinero *m*   money
diputado/a *m,f*   member of
Parliament
directivo/a *m,f*   member of
the board, manager
discapacitado/a *m,f*
disabled person
disco *m*   record
discografía *f*   records,
recordings
discriminación *f*
discrimination
disgusto *m*   annoyance,
disappointment
disminución *f*   decrease,
fall
dispar   different
disponible   available
dispositivo *m*   mechanism,
device
diurno/a   daytime
dividir   to divide, to
distribute
doctorado *m*   PhD
doctrina *f*   doctrine
dolor *m*   pain, grief
dolorido/a   hurt
dominicano/a   Dominican
dosis *m*   dose
dotes *f pl*   talent
droga *f*   drug
duda *f*   doubt
dueño/a *m,f*   owner
dulce   sweet
dúo *m*   duet, duo
duración *f*   duration
durante   during
duro/a   hard

E

echar (de menos) to miss
ecosistema *m* ecosystem
ecuatoriano/a Ecuadorian
edad *f* age
edificio *m* building
educado/a polite
educar to educate
EE.UU. United States of America
egoísmo *m* selfishness
ejecutar to execute
ejército *m* army
electricidad *f* electricity
electrodomésticos *m pl* electrical (household) appliances
electrónica *f* electronics
elegir to choose
elogio *m* praise
embarazo *m* pregnancy
embarrancar to get bogged down
embrión *m* embryo
emigrante *m,f* emigrant
emisiones tóxicas *f pl* toxic emissions
emitir to emit
empadronarse to register (as a resident)
empanada *f* pie
empezar to begin, to start
empleado/a *m,f* employee
empleo *m* employment
empobrecer to impoverish
empresa *f* company, firm
en lugar de instead of
enamorarse to fall in love
encarcelar to imprison
encerrar to lock up or in
encontrar to find
encontronazo *m* row, collision
encuentro *m* meeting
endémico/a endemic
enemigo *m* enemy
energía *f* energy
enfermedad *f* illness
enfermo/a *m,f* ill, sick person

enfoque *m* approach
enfrentarse to face
engatusar to sweet-talk, to coax
engranaje *m* gears, gearing
ensayo *m* essay
enterrar to bury
entidad *f* entity
entorno *m* environment
entrar to enter
entrega *f* dedication, devotion, delivery
entretenido/a entertaining
entrevistado/a *m,f* interviewee
envase (de plástico) *m* plastic container
eólico/a (from the) wind
equilibrio *m* balance
equipo *m* team
equivocarse to make a mistake
escándalo *m* scandal
escasez *f* shortage
escolar *m,f* schoolboy, schoolgirl
escritura *f* writing
escuchar to listen to
escuela *f* school
escultor(a) *m,f* sculptor
escultura *f* sculpture
escupir to spit
esfuerzo *m* effort
espacio *m* space, room, outer space
España Spain
español(a) *m,f* Spanish, Spaniard
espectáculo *m* show
espectador(a) *m,f* spectator, member of the audience
esperanza *f* hope
estación *f* station, season
estereotipo *m* stereotype
estimular to stimulate, to encourage
estragos *m pl* devastating consequences

estrangular to strangle
estrategia *f* strategy
estudiante *m,f* student
estudio *m* studying
ETA ETA (the terrorist Basque separatist group)
evitar to avoid
evocación *f* evocation
exigir to demand
exilio *m* exile
éxito *m* success
explotación *f* exploitation
expoliar to plunder
exportación *f* exportation, export
expulsión *f* expulsion
extranjero/a *m,f* foreigner
extremismo *m* extremism

F

fabricación *f* manufacture
fabricante *m,f* manufacturer
fachada *f* façade
facilidades *f pl* facilities
facultad *f* faculty
falangista Falangist
falda *f* skirt
fallecer to pass away, to die
famoso/a famous
fe *f* faith
fecha *f* date
feliz happy
feria *f* fair
ferrocarril *m* railway
fertilizante *m* fertilizer
festejar to celebrate
fiesta *f* party, festival
fijarse to pay attention, to notice
filantropía *f* philanthropy
fin *m* end
financiar to finance, to fund
firmar to sign
física *f* physics
flor *f* flower
flujo *m* flow
fomentar to promote, to

encourage
fondo *m* fund, bottom, end
fontanero/a *m,f* plumber
forense *m,f* forensic scientist, pathologist
foro *m* forum
fósil *m* fossil
foto *f* photograph
fotón *m* photon
fracaso *m* failure
fragancia *f* fragrance, perfume
fraile *m* friar, monk
francés/francesa French
Francia France
franela *f* flannel
franquear to overcome
fratricida *m,f* fratricide
fraude *m* fraud
fresco/a fresh
frontera *f* border
fuego *m* fire
fuente (de energía) *f* source (of energy)
Fuerzas Armadas *f pl* Armed Forces
funcionar to work
FYEG Federation of Young European Greens

G

GAL Spanish group that directed its attacks against ETA
galardonar to award a prize to
gallego/a Galician
gallina *f* hen
ganado *m* cattle
ganar to win
gases invernadero *m pl* greenhouse gases
gasto *m* expense
gastronomía *f* gastronomy
generar to generate
género *m* genre
genialidad *f* genius, brilliant idea
gente *f* people

Vocabulario

gérmen *m* germ
gimnástico/a *m,f* gymnastic
gitano/a *m,f* gypsy
globo *m* balloon
gobernar to govern
gobierno *m* government
golpe *m* blow
golpiza *f* beating
gordo/a fat
gradas *f pl* stands, terraces
gran big
grande large
gratis free of charge
gravedad *f* seriousness, gravity
gringo *m* gringo, foreigner (not from Spanish-speaking country)
gripe *f* flu
grito *m* shout
grosor *m* thickness
guaraní *m* Guarani
Guardia Civil *f* Civil Guard
guerra *f* war
gueto *m* ghetto
gusto *m* taste

hablar to talk
hacienda *f* country estate
hallazgos *m pl* findings
hambre *f* hunger
hambruna *f* famine
hecho *m* fact
hectárea *f* hectare
hegemonía *f* hegemony, dominance
hélice *f* propeller
heredero/a *m,f* heir/heiress
herencia *f* inheritance
herida *f* wound
hermano/a *m,f* brother/sister
herramienta *f* tool
hidalgo/a *m,f* nobleman/woman
hierro *m* iron
hijo/a *m,f* son/daughter
hilo *m* thread
hincha *m,f* supporter, fan
hipoteca *f* mortgage
historia *f* history, story
hito *m* landmark, milestone
hogar *m* home
Holanda Holland
homenaje *m* tribute
homofobia *f* homophobia
hora punta *f* rush hour
horario *m* timetable
horizonte *m* horizon
hormigón *m* concrete
horripilante horrifying
hoy today
huella *f* footprint
huir to flee
humanoide humanoid
húmedo/a humid
humildad *f* humility, humbleness
humo *m* smoke
humor *m* humour

idioma *m* language
iluminación *f* lighting
impedir to prevent
importación *f* importation
imprescindible essential
inca Inca
incapacitado/a disabled, unfit
incapaz unable
incinerar to incinerate
incrementar to increase
incriminar to incriminate, to charge
inculcar to instil
indefenso/a defenceless
independencia *f* independence
índice *m* index
indígena indigenous, native
indiscriminado/a indiscriminate
indisoluble insoluble, indissoluble
industria *f* industry
inédito/a unpublished, unheard-of, new
ineptitud *f* incompetence
infalible infallible
inferior lower
informe *m* report
infractor(a) *m,f* offender
ingeniero/a *m,f* engineer
ingenioso/a clever, ingenious
ingenuo/a naïve
Inglaterra England
ingresos *m pl* income
INJUVE Spanish Youth Institute
inmenso/a huge
inmigrante *m,f* immigrant
innegable undeniable
inocencia *f* innocence
inquietante disturbing, worrying
inquietar to worry
Inquisición (la) *f* the Inquisition
insólito/a unusual
instalación (deportiva) *f* sports facilities
instituto *m* secondary school
insulina *f* insulin
intercambio *m* exchange
interpretar to play (the role of)
interrogante *m* question
íntimo/a *m* private
introducir to insert, to put in
invernadero *m* greenhouse
inversión *f* investment
invertir to invest
investir to swear in
invierno *m* winter
involucrarse to get involved
Italia Italy

jabalí *m* wild boar
jamás never
japonés/japonesa Japanese
jerarquía *f* hierarchy
jornada *f* day
joya *f* piece of jewellery
jubilado/a *m,f* pensioner
jubilarse to retire
judío/a *m,f* Jewish person
jugar to play
juguete *m* toy
juicio *m* trial, judgement
justicia *f* justice
justo/a fair
juventud *f* youth

Kioto Kyoto

legado *m* legacy
legalizar to legalise
legitimizar to legitimise
leña *f* wood
lentamente slowly
lentes *m pl* glasses
letal lethal
ley *f* law
libertad *f* freedom
libertador(a) *m,f* liberator
lienzo *m* canvas, cloth
limpieza *f* cleaning, cleanliness
limpio/a clean
lindo/a lovely, cute, sweet
línea aérea *f* airline
lino *m* linen
lío *m* mess
listo/a ready
literatura *f* literature
llegada *f* arrival
lluvia *f* rain
locura *f* madness
lograr to achieve
logro *m* achievement
Londres London

lucha *f* fight
luchador(a) *m,f* fighter
lugar *m* place
lujo *m* luxury
luna *f* moon
luz *f* light

M

maestro/a *m,f* school teacher
magnífico magnificent
magrebí *m,f* native of the Maghreb
maíz *m* sweet corn
maizena *f* cornflour
Málaga Malaga
maldito/a damn, wretched
malhechor(a) *m,f* criminal
malo/a bad
mambo *m* mambo (dance)
mamífero *m* mammal
mañana tomorrow
mandíbula *f* jaw
mando *m* command
manejable manageable
manera *f* way
manga *f* sleeve
mano *f* hand
manuscrito *m* manuscript
maqueta *f* demo, scale model
maquinaria *f* machinery
mar *m,f* sea
marginado/a marginalised, excluded
Marina *f* Navy
marinero/a *m,f* sailor
mármol *m* marble
marroquí Moroccan
más more
masa *f* dough, mass
masacre *f* massacre
masticar to chew
matadero *m* slaughterhouse, abattoir
matanza *f* slaughter
matar to kill
materia prima *f* raw material

matrimonio *m* marriage
mayor greater, older
mayoría *f* majority
medicina *f* medicine
médico/a *m,f* doctor
medida *f* measure
medio ambiente *m* environment
medios *m pl* media, means
mejor best
mejora *f* improvement
menos less
mentalidad *f* mentality
mente *f* mind
mercado *m* market
mercancía *f* goods
merecer to deserve
merengue *m* merengue (dance)
mes *m* month
mestizo/a *m,f* mestizo, of mixed race (particularly of Indian and white race)
meta *f* goal, aim
metro *m* underground (transport), metre
México Mexico
mezquita *f* mosque
micro *m* mike (microphone)
migrar to migrate
mili *f* military service
mina *f* mine
minero/a *m,f* miner
ministro/a *m,f* minister, secretary (government)
mira *f* sight
misión *f* mission
mismo/a same
misoginia *f* misogyny
misterio *m* mystery
moda *f* fashion
módico/a reasonable
mojarse to get wet
molestar to bother, to disturb
molestia *f* nuisance
moneda *f* coin, currency
montaña *f* mountain
montar (a caballo) to ride

(a horse)
morir to die
morisco/a Moorish, Morisco
moro/a Moorish
mortalidad *f* mortality
Moscú Moscow
muelle *m* pier
muerte *f* death
muerto/a dead
mujer *f* woman
mulato/a *m,f* of mixed race (black and white)
multiplicar to multiply
mundo *m* world
muralla *f* wall
museo *m* museum
música *f* music
mutuo/a mutual

N

nacer to be born
nacionalidad *f* nationality
nacionalismo *m* nationalism
nada nothing
nadar to swim
nadie nobody, no one
nailon *m* nylon
nanotecnología *f* nanotechnology
narcotráfico *m* drug trafficking
narrativa *f* narrative, fiction
natal home, native
natalidad (tasa de) *f* birth rate
navegable navigable
Nazismo *m* Nazism
necesitar to need
negro/a *m,f* black man/woman
nido *m* nest
niño/a *m,f* boy/girl
nocivo/a harmful
norma *f* rule
novela *f* novel
novio/a *m,f* boyfriend/girlfriend

nube *f* cloud
Nueva York New York
nunca never

O

obispo *m* bishop
obra (de arte) *f* work of art
ocaso *m* decline, sunset
ocio *m* leisure time
ocurrir to happen
oficina *f* office
ofrecer to offer
ojalá I hope so
olé ole, bravo
olor *m* smell
olvidar to forget
ONG *f* Non Governmental Organization
operar to operate
opositor(a) *m,f* opponent
optimista *m,f* optimist
ordenador *m* computer
orfanato *m* orphanage
orgulloso/a proud
oro *m* gold
osadía *f* daring, boldness
OTAN *f* NATO
óvulo *m* ovum

P

paciencia *f* patience
pacifismo *m* pacifism
pagar to pay
país *m* country
país desarrollado *m* developed country
País Vasco Basque Country
paisaje *m* landscape, scenery
paisajístico/a landscape
pájaro *m* bird
palabrota *f* swearword
paliza *f* hiding, beating
palo *m* stick
palpable palpable, tangible
pandilla *f* gang
pantalla *f* screen

Vocabulario

Papa *m* Pope

papel *m* paper; role, part (in cinema, theatre)

papelera *f* paper manufacturer

parabrisas *m* windscreen

paraguas *m* umbrella

parche *m* patch

parecer to seem to

pareja *f* couple

pariente *m,f* relative

Parlamento *m* Parliament

paro *m* strike, unemployment

parque *m* park

partícula *f* particle

partido *m* party

pasaje *m* ticket

pasajero *m* passenger

pasarela *f* catwalk

paseo *m* walk

pasmado/a amazed

pata *f* leg

patera *f* boat with a shallow draft, as used by illegal North African immigrants

paternalismo *m* paternalism

patógeno/a pathogenic

patrimonio *m* heritage

peaje *m* toll barrier

peatón *m* pedestrian

pecado *m* sin

peine *m* comb

peliagudo/a difficult, tricky

película *f* film

peligro *m* danger

peligroso/a dangerous

pena *f* pity

penalizar to penalise

péndulo *m* pendulum

pensión *f* pension

peor worse

pequeño/a small

pérdida *f* loss

perdonar to forgive

periódico *m* newspaper

peripecia *f* adventure, incident

permiso *m* permit

persiana *f* blind

(el) Perú *m* Peru

pesado/a heavy, boring, annoying

pesimista *m,f* pessimist

peso *m* peso (unit currency in many Latin American countries)

pesticida *m* pesticide

petróleo *m* oil

piedra *f* stone

piel *f* skin

pies *m pl* feet

pintar to paint

pintor(a) *m,f* painter

pintura *f* painting

pionero/a *m,f* pioneer

pirata (informático) *m,f* hacker

piratería *f* piracy

pisar to tread on, to step on

piso *m* floor, storey, apartment

placa *f* plaque

placentero/a pleasant

planta *f* plant, floor

plantilla *f* staff

plasmar to reflect, to give expression to

plata *f* silver; money (in Latin America)

plataforma petrolífera *f* oil platform

plato *m* plate, dish

playa *f* beach

plebiscito *m* plebiscite

plutonio *m* plutonium

población *f* population

pobre poor

pobreza *f* poverty

poco little

poder to be able to

poder *m* power

poderoso/a powerful

poeta *m,f* poet

polaco/a Polish

polémica *f* controversy

policía *f* police

polímero *m* polymer

Polonia Poland

poner to put

porqué *m* reason

portal *m* portal, main door

postor(a) *m,f* bidder

potable drinkable

precio *m* price

precioso/a beautiful, gorgeous, lovely; precious

preguntar to ask

prejuicio *m* prejudice

premio *m* prize, award

prensa *f* press

preocupación *f* worry

prescindir to do without something

presentador(a) *m,f* presenter

presentar to introduce, to present

presidente *m,f* president

presión *f* pressure

preso/a *m,f* prisoner

préstamo *m* loan

prestar to lend

prestigioso/a prestigious

presupuesto *m* budget

prevalecer to prevail

prevenir to prevent

primero/a first

príncipe *m* prince

prioridad *f* priority

prisión *f* prison, jail

privilegio *m* privilege

probar to try

procurar to try

producir to produce

profesor(a) *m,f* professor, teacher

progenitor(a) *f* ancestor, father/mother

prohibir to prohibit

promedio *m* average

prometer to promise

promocionar to promote

propiciar to favour

proponer to propose

prosperidad *f* prosperity

protagonista *m,f* main character

protagonizar to star in, to play the lead in

protectorado *m* protectorate

prótesis *f* prosthesis

protestar to protest

protocolo *m* protocol

proyecto *m* project

prudente cautious

pueblo *m* village

puente *m* bridge

puerco *m* pig

puerta *f* door

pulido/a polished

pulmón *m* lung

pulsación *f* beat

puntero/a leading

Q

quechua Quechua

queja *f* complaint

quemar to burn

querer to want

química *f* chemistry

quinquenal five-yearly

quinto/a fifth

quizás maybe

R

rabia *f* rage

racismo *m* racism

radioyente *m,f* listener

raja *f* tear, rip

rapidez *f* speed

rareza *f* peculiarity

ratificar to ratify

ratón *m* mouse

razón *f* reason

rebeldía *f* rebelliousness

recaudar to collect

rechazo *m* rejection

reciclaje *m* recycling

recinto *m* enclosure

reclamar to claim

recluso/a *m,f* prisoner, inmate

reconciliar to reconcile

recordar to remind

recuperar to recover
recursos naturales *m pl* natural resources
reducir to reduce
reemplazo *m* replacement
reestreno *m* rerelease
refinería *f* refinery
reflejo *m* reflection
reformarse to mend one's ways
refugio *m* shelter
regar to water
regla *f* rule
reglamentación *f* regulation
reina *f* queen
Reino Unido United Kingdom
reír to laugh
relato *m* story, tale
reliquia *f* relic
reloj *m* clock
remoto/a distant
RENFE Spanish national railway
renta *f* rent, income
repartir to distribute
repatriar to repatriate
repeler to repel, to repulse
República Dominicana Dominican Republic
resaltar to stand out
residencia *f* residence
residuos *m pl* waste
resonancia *f* impact, repercussion
resorte *m* spring
respaldar to back, to support
respetar to respect
respeto *m* respect
respirar to breathe
responsabilidad *f* responsibility
restos (de comida) *m pl* leftovers
reto *m* challenge
reutilizable reusable
revista *f* magazine
revolución *f* revolution
rico/a rich

ridiculizar to ridicule
riesgo *m* risk
riña *f* fight, argument
rincón *m* corner, spot, place
río *m* river
riqueza *f* wealth
risa *f* laugh
rivalidad *f* rivalry
robar to steal
rogar to beg
rojo/a red
Roma Rome
ropa *f* clothes
rosa pink
rueda *f* wheel
ruido *m* noise
ruidoso/a noisy
Rumanía Rumania
rumba *f* rumba (dance)
rumiante *m* ruminant
ruso/a Russian

S

saber to know
sacrificar to sacrifice
sala (de espera) *f* waiting room
salario *m* wage, salary
saldo *m* balance
salir to go out
salsa *f* salsa (dance)
salud *f* health
salvar to save
sangre *f* blood
sanguíneo/a blood
santo/a *m,f* saint
satélite *m* satellite
secuestrar to kidnap
segregación *f* segregation
seguir to keep on, to continue
Seguridad Social *f* National Health Service
selva *f* forest
semana *f* week
senador(a) *m,f* senator
sencillo/a simple
senda *f* path
seno *m* heart

señora *f* woman, lady, madam, Mrs
señorita *f* young lady, teacher, Miss
sentencia *f* judgement
sequía *f* drought
ser, ser humano *m* being, human being
Sevilla Seville
siberiano/a Siberian
siglo *m* century
silencio *m* silence
silla *f* chair
sin embargo however
sinagoga *f* synagogue
sindicato *m* trade union
sitio *m* place
sobre *m* envelope
socialista *m,f* socialist
sociedad consumista *f* consumer society
socio *m* member
soldado *m* soldier
soledad *f* solitude
solidaridad *f* solidarity
sólo only
sombra *f* shadow
sonar to ring
sonda *f* probe
sonoro/a resounding
sordo/a *m,f* deaf person
sordomudo/a *m,f* deaf-mute
sorprendente surprising
sospechoso/a *m,f* suspect
sostenible sustainable
sótano *m* cellar
suave soft
subastar to auction
subestimar to underestimate
subidón *m* boost, high
subir to go up, to climb
subsidio *m* benefit, allowance
subvención *f* subsidy, grant
subvencionar to subsidise
sucesión *f* succession
sueldo *m* wage, salary
suelo *m* floor

sueño *m* dream, sleep
suerte *f* luck
sufrir to suffer
suministrar to supply
superar to exceed, to overcome
superficie *f* surface
supersticioso/a superstitious
sustentar to support, to maintain

T

taller *m* workshop
tamaño *m* size
también also
tanto/a so much, so many
tardar to take a long time
tarea *f* task
tarifa *f* tariff, rate, fare
tatuaje *m* tattoo
teatro *m* theatre
teclado *m* keyboard
tecnología *f* technology
tejido *m* fabric
tele *f* TV
temor *m* fear
temporero/a *m,f* seasonal or temporary worker
tener to have
tercera (edad) *f* old age
tercero/a third
tercio *m* third
terreno *m* plot of land
terror *m* terror
terrorismo *m* terrorism
terrorista *m,f* terrorist
textil *m* textile
Tierra *f* Planet Earth
tigre *m* tiger
tinieblas *f pl* darkness
tinte *m* dye, dyeing
tiranía *f* tyranny
tirar to throw, to spill, to pour
titularse to graduate
tobillo *m* ankle
todavía yet, still
todo/a all

Vocabulario

todoterreno *m* off-road vehicle, four-wheel-drive vehicle
tolerancia *f* tolerance
tolerante tolerant
tomar to take, to drink
tonelada *f* ton
tontería *f* stupid thing
tortilla (de huevos) *f* omelette
tortilla (de maíz) *f* tortilla, thin maize pancake
tortuga *f* turtle
tortura *f* torture
trabajador(a) *m, f* worker
trabajar to work
trabajo *m* job, work
tradición *f* tradition
traficante *m,f* dealer, trafficker
tragedia *f* tragedy
traje *m* suit
trama *f* plot
tramo *m* section, stretch
trampolín *m* springboard
transbordo *m* change
transferir to transfer
transgénico/a genetically modified
tratamiento *m* treatment
travieso/a naughty
trayectoria *f* course, path
tren (de cercanías) *m* short distance train
tributo *m* tribute
tripulación *f* crew
tristeza *f* sadness
triunfo *m* victory
trivializar to trivialise
tronchar to snap off
tronco *m* log
tropas *f pl* troops
truco *m* trick
tubería *f* pipe(s)
tubo *m* tube, pipe
tumba *f* tomb
tuna *f* music group of student musicians
turista *m,f* tourist

U

Ucrania Ukraine
último/a last
ultrajado/a outraged, offended
unificación *f* unification
uranio *m* uranium
urna *f* ballot box

V

vertedero *m* rubbish dump
vacaciones *f pl* holiday(s)
vale OK
valioso/a valuable
valla *f* fence, hurdle
valor *m* courage
valores *m pl* values
vandalismo *m* vandalism
vapor *m* vapour, steam
vaquilla *f* heifer
varón *m* man, male
vaso *m* glass
veda *f* prohibition
vejiga *f* bladder
velada *f* evening, soirée
velocidad *f* speed
vencer to defeat
veneno *m* poison
venta *f* sale
ventaja *f* advantage
verano *m* summer
verdad *f* truth
verter to dump
vía ferroviaria *f* rail track
viaducto *m* viaduct
viajar to travel
viaje *m* trip
vicioso/a vicious
víctima *f* victim
victoria *f* victory
vida *f* life
vidrio *m* glass
viejo/a old
viento *m* wind
vigilancia *f* surveillance
visión *f* vision
vivencia *f* experience

vivienda *f* accommodation
vivir to live
volver to return
voto *m* vote
vuelo *m* flight

W

WWF environmental organisation

X

xenofobia *f* xenophobia

Z

zapato *m* shoe

OXFORD
UNIVERSITY PRESS

Great Clarendon Street, Oxford OX2 6DP

Oxford University Press is a department of the University of Oxford. It furthers the University's objective of excellence in research, scholarship, and education by publishing worldwide in

Oxford   New York

Auckland   Cape Town   Dar es Salaam   Hong Kong   Karachi
Kuala Lumpur   Madrid   Melbourne   Mexico City   Nairobi
New Delhi   Shanghai   Taipei   Toronto

With offices in

Argentina   Austria   Brazil   Chile   Czech Republic   France
Greece   Guatemala   Hungary   Italy   Japan   South Korea   Poland
Portugal   Singapore   Switzerland   Thailand   Turkey   Ukraine
Vietnam

Oxford is a registered trade mark of Oxford University Press in the UK and in certain other countries

British Library Cataloguing in Publication Data

Data available

ISBN 978 019 915326 8

10 9 8 7 6 5 4 3 2 1

Printed in Spain by Cayfosa-Impresia Ibérica

Paper used in the production of this book is a natural, recyclable product made from wood grown in sustainable forests. The manufacturing process conforms to the environmental regulations of the country of origin.

Acknowledgements.

The publishers would like to thank the following for permission to reproduce photographs:

p6l: Big Stock; p6ml: Big Stock; p6mr: Roy Botterell/zefa/Corbis; p6r: Big Stock; p7: Alex Grimm/Reuters/Corbis; p8: Tom & Dee Ann McCarthy/Corbis; p9l: Alamy; p9m: Ragne Kabanova/Big Stock; p9r: Big Stock; p10: Andrew Bargery/Alamy; p11: Cephas Picture Library/Alamy; p14l: Rick Gomez/Corbis; p18: David R. Frazier Photolibrary, Inc./Alamy; p19: Corbis; p21: Reuters/Luis Galdamez; p26: Corbis; p27: Reuters/Kimberly White; p29: Christian Science Monitor/Getty Images; p32: Big Stock; p33: Jeremy Horner/Corbis; p36l: Supaphoto/Alamy; p36r: Corbis; p41: Javier Barbancho/Reuters/Corbis; p46: Genevieve Leaper; Ecoscene/Corbis; p47: Sergio Dorantes/Corbis; p50t: Eddie Linssen/Alamy; p50b: AFP/Getty Images; p53: Alberto Paredes/Alamy; p54: Nasa; p59(a): Nasa; p59(d-f): Corbis; p60l: Shawn Benbow; p60r: www.nubrella.com; p62: Corbis; p71: Gregor M. Schmid/Corbis; p74: Big Stock; p75t: Dean Pictures/Rex Features; p75b: Big Stock; p76: Everynight Images/Alamy; p77: AFP/Getty Images; p80: Index/Bridgeman Art Library; p84: Q2A; p85l: Ramin Talaie/Corbis; p85t: Reuters/Vincent West; p85r: Reuters/Andrea Comas; p86t: Mary Evans Picture Library; p86b: Corbis; p87t: Chris Honduro/Getty Images; p87b: AFP/Getty Images; p90: Monkey Business Images/Shutterstock; p91t: World Pictures/Alamy; p91b: AFP/Getty Images; p93(1): Big Stock Photo; p93(2): Index/Bridgeman Art Library; p93(3): Bettmann/Corbis; p93(4): Bettmann/Corbis; p93(5): Bettmann/Corbis; p93(6): Robert Capa/Magnum Photos; p93(7): Bettmann/Corbis; p93(8): DESPOTOVIC DUSKO/CORBIS SYGMA p93(9): Fernando Alda/Corbis; p93(10): Sergio Barrenechea/epa/Corbis; p94:tl: Christie's Images/Corbis; p94bl: Corbis UK Ltd; p94(a): Bettmann/Corbis; p94(b): The Art Archive/Coll Diaz Peru/Mireille Vautier; p94(c): Leif Skoogfors/Corbis; p94(d): NOGUES ALA/CORBIS SYGMA; p94(e): akg-images; p94(f): akg-images; p94(g): Bettmann/Corbis; p94(h): Bettmann/Corbis; p98: Action Press/Rex Features; p104: AFP/Getty Images; p105: Yann Arthus-Bertrand/Corbis; p108: Homer Sykes/Getty Images; p109: Caro/Alamy; p112: AFP/Getty Images; p113: Paul Souders/Getty Images.

Artwork by: Fakenham Photosetting, Rajendra Nath Sharma, Rajesh Das, Mark Draisey, Stefan Chabluk, Laszlo Veres, Mike Lacey.

Cover image: OUP/Corbis

The authors and publishers would like to thank the following for their help and advice:

Ainara Solana (language consultant);

Kathryn Tate (editor of the *Animo 2 para OCR* Students' Book).

The authors and publishers would also like to thank everyone involved in the recordings for the *Ánimo 2* recordings:

Colette Thomson and Air-Edel for sound production and all the speakers involved.

Every effort has been made to contact copyright holders of material reproduced in this book. If notified, the publishers will be pleased to rectify any errors or omissions at the earliest opportunity.